没有伞的孩子必须努力奔跑

孙永辉 / 编著

图书在版编目（CIP）数据

没有伞的孩子必须努力奔跑 / 孙永辉编著 . -- 北京：中国人口出版社，2022. 6
ISBN 978-7-5101-7236-6

Ⅰ . ①没… Ⅱ . ①孙… Ⅲ . ①成功心理—通俗读物 Ⅳ . ① B848.4-49

中国版本图书馆 CIP 数据核字（2020）第 196478 号

没有伞的孩子必须努力奔跑

MEIYOUSAN DE HAIZI BIXU NULI BENPAO

孙永辉　编著

责任编辑　魏志国
责任印制　林　鑫
出版发行　中国人口出版社
印　　刷　三河市燕春印务有限公司
开　　本　710 毫米 ×1000 毫米　1/32
印　　张　4.5
字　　数　95 千字
版　　次　2022 年 6 月第 1 版
印　　次　2022 年 6 月第 1 次印刷
书　　号　978-7-5101-7236-6
定　　价　19.80 元

网　　址　www.rkcbs.com.cn
电子信箱　rkcbs@126.com
总编室电话　（010）83519392
发行部电话　（010）83530809
传　　真　（010）83519401
地　　址　北京市西城区广安门南街 80 号中加大厦
邮政编码　100054

前言 PREFACE

不是每段路，都有人在身边默默地陪伴；不是每个难题，都有人及时伸出援手……当突如其来的风暴降临时，你该如何应对？不要抱怨那些痛苦，只要咬着牙撑过去，从每一份痛苦中汲取生命的养分，内心就会开出坚强的花。不要怨恨命运，指责它忘记了厚爱你，你要知道，世间没有与生俱来的幸运，唯有努力扇动隐形的翅膀，穿过所有的阴霾和阻挠，才能在阳光下翩翩起舞。

人可以脆弱，但绝不能懦弱。面对命运的打击和挑战，面对别人的流言蜚语，你应该做的不是哭泣，而是坚强和勇敢，保持清醒冷静的头脑，坦然面对生活，从容面对现实。只有这样，我们才有希望演绎出辉煌的成就和个性的自我，才能成为一个无坚不摧的人！生命是一次次蜕变的过程，唯有经历各种各样的磨难，才能让蜕变得以实现，才能增加生命的厚度。面对挫折和打击，我们要积极地选择方法，放弃自怜自艾，做一名生活的勇者；停止自暴自弃，做一个人生的强者。在困境中忍耐着、坚持着，当走过黑暗与苦难的长长隧道后，你或许会惊奇地发现，平凡如沙粒的你，不知不觉中，已长成了一颗珍珠。

生活所给予的，最终没有什么是不能被接受的。痛苦的时候就哭泣，但是别逃避；忧伤的时候可以脆弱，但是别放弃。写出《少年派的奇幻漂流》的扬·马特尔说：“无论生活以怎样的方式向你走来，你都必须接受它，尽可能地享受它。”

我们每个人大都走在一条满是荆棘的路上，我们跌跌撞撞、满身泥泞、受伤流血、痛哭流涕，我们看见了生活的真相，却依旧奋力前行。因为没有什么可以轻易把人打动，除了内心深沉的爱；也没有什么可以轻易把人打倒，除了放弃的自己。

一个人要走过很多路，隐藏很多伤口，才能展示自己最有力量的一面；要做很多牺牲，忍下很多委屈，才明白昨日的经历是为了让今天的自己更坚强。所有洪荒之力的背后，都是生不如死的坚持，你的人生应该疯过、爱过、恨过、闯过、拼过、努力过，即使只有 1% 的希望，也要付出 100% 的努力！

这一秒不放弃，下一刻才有希望；如果不努力，你连羡慕别人都感到惭愧。可以被暂时击溃，却不是永远倒下。你可以哭，但不能认输！无论正在经历什么，都请你不要轻言放弃。努力奋斗的你，终能把成长中的伤痕，活成耀眼的勋章。

目录 CONTENTS

第 3 章　决定你上限的不是能力，而是格局

第 4 章　低潮时积蓄的能量，终有一天让你的人生华丽突围

第 5 章　并非梦想遥不可及，是你从未脚踏实地

第1章

哪怕身处沟壑，也要仰望星空

待你全副武装，转身梦想就在身旁

宝藏就在眼前，许多人却视而不见，还一味地抱怨上苍的不公。不要把时间花在叹息、抱怨上，用你的慧眼去审视周围的一切吧，也许你会发现，宝藏原来就在身边。

有一位古董商路过一片树林，遇见一位樵夫正在那儿砍柴。樵夫边砍柴边抱怨说："我的命怎么这么苦，每天不得不辛苦地砍柴，我所有的财产就只有这把又旧又钝的斧头。老天啊！你对我真是太不公平了！"

古董商走累了，坐在树旁休息，樵夫手中的斧头引起了他的注意，因为那不是一把普通的斧头，那是前人留下的宝物。

古董商走上前去："年轻人，我出十两银子买你这把斧子。"

"别开玩笑了！"樵夫低着头，继续砍他的柴。

古董商想了想，又开口说："那一百两吧！"

樵夫呆住了，抬起头看了一下对方，心想，这怎么可能？于是他摇摇头，继续砍他的柴。

古董商为了表示自己的诚意，就将身上的钱全都掏了出来。

这时，樵夫忍不住放声大哭。古董商慌忙对樵夫说："你不卖，我不为难你，你又何必如何伤心呢？"

樵夫痛心地回答："我不是舍不得那把斧头，而是难过自己的无知——在你心中值几百两的宝贝，我却当它一文不值，还终日抱怨！”

其实，在这个世界上，不只是樵夫不能发现身边的宝藏，很多人都是如此。在美国西北蒙大拿州比鲁特山边的达比镇，人们好多年都习惯于仰望那座晶山。晶山之所以获得这个名称，是因为它被风雨侵蚀，暴露出一条凸出的狭窄的微微发光的晶体岩脊，看上去有点像岩盐。

多少年来，没有一个人去弯下身子捡起一块发亮的石块，好好地把它研究一下。

直到 1995 年，达比镇举办了一个矿石展览会，康顿和汤普生这两个年轻人看到矿物展品中的绿玉标本上附着的卡片，得知绿玉可用于原子能工业。他们想到了晶山，想到了那发着绿光的晶体岩，想到了晶山上的矿物会有大用途，于是他们立刻在晶山上立柱，表示所有权。最终，经专家检验分析，认定晶山是极有价值的世界最大的铍矿产地之一。

一位年轻人，为了寻找钻石，变卖了自己的地产，到很远的地方寻找宝藏去了。而买下他地产的人，把骆驼牵到后院小河边喝水，当凑到河边时，这个人发现了一块闪光的东西，原来是块钻石。

不久，卖房的那位青年空手而归，来到自己原来的住处，发现自己原来的地产上，正在开掘钻石。

人们往往舍近求远，其实钻石就在你的脚边。要知道，只有身边的东西才是最现实的。远方的诱惑很美丽，近处的东西太无奇。然而，许多我们倾尽心力却无法得到的东西，恰恰藏匿在这些无奇之中。我们只有把目光移到脚底下，才会赫然发现那块闪着奇光的钻石。

成功，似乎遥不可及，但是只要积极观察，生活总会给你回报。千万不要说：“我没有机会来创造些什么。”创造的机会其实每天都从你脑中冒出来。许多生活中的事件蕴含着巨大的机遇，问题是许多人熟视无睹，不予探究。心存美好的向往，从身边的点滴中寻找生活的机遇，钻石就会在你眼前微笑。

别人没有想到的，正是你应该做的

如果你能拥有创新的头脑，即使你现在一无所有，在不远的将来，它必能带领你穿过无数艰难阻碍，到达幸福的彼岸。

两个虔诚的教徒在教堂做礼拜。这两个人都是烟鬼，他们的烟瘾犯了，很想抽烟，但是又怕牧师说他们不诚心。

第一个实在憋不住了，就对牧师说：“我在祈祷的时候可以抽烟吗？”

“当然不可以，这是对上帝的不尊敬。”牧师正色说道。

于是第二个人说道：“亲爱的牧师，我可以在抽烟的时候祈祷吗？”

“哦，当然可以，你真是个虔诚的信徒。”牧师高兴地说。

于是第二个人美美地点上一根烟，抽了起来。

如果第二个人对牧师说："牧师，我烟瘾犯了，实在受不了了，你就让我抽一根烟吧。"那么，他肯定会被赶出教堂。但这个聪明的家伙并没有用普通的思维去提要求，而是运用了一种新的思维使牧师同意了他的要求，最终美美地抽上了烟。其实，生活中的任何事情都是这样，并不是只有天才才能进行创新，创新只在于找出新的改进方法。

1987 年，美国的两个邮递员科尔曼和施洛特无意中看到一个小孩子拿着一种发亮光的荧光棒，便想这东西能派上什么用场呢？在胡思乱想中，两个人随手把棒棒糖放在荧光棒顶端。结果，光线穿过半透明的糖果，显现出一种奇幻的效果。这一小小的发现，让两人惊喜不已。他们为此申请了发光棒棒糖专利，还把这个专利卖给了开普糖果公司。

奇迹由此开始。两个邮递员继续想：棒棒糖舔起来很费劲，能不能加上一个能自动旋转的小马达，由电池对它进行驱动，这样既省劲又好玩。这种想法很快付诸实施。对他们来说，这种创造太简单了！旋转棒棒糖很快投入市场，并且获得了极大的成功。在最初的 6 年里，这种售价 2.99 美元的小商品一共卖出了 6000 万个！科尔曼和施洛特得到了丰厚的回报。

更大的奇迹还在后面。开普糖果公司的负责人奥舍在一家超市内看到了电动牙刷，虽有许多品牌，但价格都高达 50 多美元，因此销售量很小。奥舍灵机一动：为什么不用旋转棒棒糖的技术，用 5 美元的成本来制造一支电动牙刷呢？

奥舍与科尔曼、施洛特着手进行技术移植，很快，美国市场上最畅销的旋转牙刷诞生了，它甚至要比传统牙刷还好卖。在 2000 年，3 个人组建的小公司卖出了 1000 万把这种牙刷！这下，宝洁公司坐不住了，相比之下，它们的电动牙刷成本太高了，几乎没有市场竞争力。于是，经过讨价还价，2001 年 1 月，宝洁收购了这家小公司，预付款 1.65 亿美元，三个创始人在未来的三年内留在宝洁公司。过了一年多，宝洁公司便提前结束与奥舍、科尔曼、施洛特三人的合同。因为宝洁公司发现电动牙刷太好卖了，远远超出了他们的预料。借助一家国际超市公司，它已在全球 35 个国家进行销售。按照这种趋势，宝洁在三年合同期满后付给奥舍等三人的钱要远远超出预期。最后经过协商，合同提前中止，奥舍、科尔曼、施洛特一次性拿到了 3.1 亿美元，加上原来 1.65 亿美元的预付款，共 4.75 亿美元。这是一个令人头晕目眩的天文数字，如果用卡车去银行拉这么多现金，恐怕要费上相当一番功夫！

一个人，可以不去奢望那 4.75 亿美元，但不应该冷落技术创造、灵感创意这些成功的要素。有时候，一个小小的无意中冒出的创新念头，也许便会改变你的人生。

抓住机会，你才有可能与成功接触

机会无处不在，关键是看你有没有再迈出一步的勇气。如果没有了尝试的勇气，即使你条件再好，也只能与机遇擦肩而过了。

一群小女孩在练习跳水。当所有的孩子都已勇敢地从三米跳台跳下水时，只剩下一个小女孩没有跳。这个小女孩长得很漂亮，但是恐慌却写在她的脸上。老师在旁边鼓励，周围的同学也在鼓励，但是她就是害怕，害怕得泪水已经流了出来。

“还有几分钟就要下课了。”老师似乎已经对这个小女孩儿失去了耐心，有些不满地说。小女孩听了，腿抖得更厉害了，但是她艰难地退了一小步，又前进了一大步，往池子里看了看——三米的高度。突然，周围的人看见她闭着眼睛跳了下去，水花溅得很高，但掌声却响了起来。

“安格拉，我们都为你自豪，你是怎样战胜自己的胆怯的？”旁边一个叫米吉娜的伙伴问她。这个叫安格拉的 12 岁的小女孩已经抹干了泪水，穿上了衣服。她用还有点发颤的声音慢慢地说：“我突然想起了爸爸说过的一句话，他说在困难的时候闭着眼睛也要往前迈一步。”

安格拉的爸爸是当地一位有名的神学院院长。他对她的要求很严格，希望她能在同龄人中出类拔萃。她从没有忘记父亲对她的教诲，在各个方面都很刻苦，即使是在最差的体育方面，她也做到了坚持。

因为这样一个信念，安格拉在学业上进步很快，尤其是在科学方面显露出不同凡响的能力与才华，她两次参加当时的华约国家奥林匹克数学竞赛。她的数学老师曾这样评价：“我从来没有在数学班上见过她这样的女孩子。她真的很少见逻辑性强、分析能力强，注意力非常集中。”32 岁时，安格拉获得了物理学博士学位。

与此同时，这个平时除了学习成绩一路领先，生活中却显得有些保守和灰不溜秋的年轻人，开始了她出色的另一面——她表现出了对政治的极端关心与关注，以及由此所延伸出来的属于她的政治辉煌。

她就是安格拉·默克尔——德国历史上第一位女性总理，最年轻的总理，一个长期被人忽略的、被很多人称为“小灰老鼠”的女政治家。当有记者问她，为何能坚持到最后，并取得胜利时，默克尔笑了，她说，她突然就想起了孩提时的那次跳水，那个胆怯的小女孩终于鼓足勇气往前迈了一步！“我要好好地感谢我的父亲，因为他在我面对困难的时候总会重复这样一句话：当你在烦恼事情没有什么进展时，请不要停下你也许还在发抖的双脚，请你再往前迈一步，只要一步！”

这一天，偏僻的小山村突然开进了一辆汽车，这可是件新鲜事，全村人都围了过来。从车上走下几个人，其中一个穿黑色皮夹克的中年男子问大家：“你们想不想演电影？谁想演请站出来！”一连问了好几遍，村民们都不敢吱声，好多人只顾着和身边的人嘀嘀咕咕。

这时，一个 16 岁的女孩子从人群中走出一步，站了出来：“我想演。”

她长得并不漂亮，单眼皮，脸蛋红扑扑的，透出一股山里孩子特有的倔强和淳朴。

“你会唱歌吗？”中年男子问。

“会。”女孩子大方地回答。

“那你现在就唱一个！”

“行！”女孩儿开口就唱，一边唱还一边扭，“我们的祖国是花园，花园里花朵真鲜艳……”

村人大笑。因为她的歌唱得实在不怎么好听，不但跑了调，而且唱到一半时还忘了词。但令大家意想不到的是，中年男子用手一指：“好，就是你了！”

这个勇敢地向前迈了一步的女孩子叫魏敏芝。她幸运地被大导演张艺谋选中，在电影《一个都不能少》中出演角色，名字很快传遍了大江南北。

显然，大导演看中的并不是女孩儿的演技，因为那实在不算是优秀的；大导演看中的是女孩儿走出那一步表现出来的勇敢。没有演技，我们可以练；如果连尝试的勇气都没有，还有什么能改变你的人生呢？人生需要我们不断尝试的勇气！

找到正确的方向，努力向前

有很多时候，我们朝着选准了的方向前进，努力了，奋斗了，付出了，可始终没能取得胜利。我们可能会埋怨外部环境，埋怨人情世故，埋怨老天不公，可我们是否能停下来想想，看看脚下的位置?

在地球的最北端，是一片茫茫的雪原，因此保持行进路线方向的正确是最重要的事情之一。可是，在这到处是白色的荒地里没有任何形式的路标，探险家只能相信他们携带的测量仪器。

探险队员们每走一个小时就要停下来查看一下地图，并为下一步探险绘制详细的行走路线。然而，就在他们走出营地几个小时之后，突然发现一个奇怪的现象。当他们停下来读取测量仪器上的数据时，惊奇地发现，尽管他们准确无误地朝着北极方向进发，可是离北极点的距离却越来越远。

队员们没有多想，认为这只是一次误测，所以没有犹豫，继续朝前进发。在下一次读取数据时，他们再次发现离北极点更远了。尽管他们准确无误地沿着既定的路线前进，也始终保持着正确的方向，可他们还是离北极点越来越远。

究竟是怎么回事？难道见鬼了不成？最后，他们终于发现，原来他们踏上了一座正在向南漂移的巨大冰川，冰川向南漂移的速度比他们向北行进的速度要快。他们做的每一件事都是完全正确的，可脚下却踏错了地方。

要知道，在错误的位置上很难走出正确的道路，不管你多么勤奋和坚持。所以，在你选定方向之前，还是先看看脚下的位置吧！

无论你的工作有多忙，身体有多累，请一定要抽出时间来审视自己，好好检查自己的得失，拨开迷雾，调整自己，认清形势，只有这样，才能不迷失自己，保持正确的方向。

拥有智慧，人生将精彩和快乐

智慧是一种无形的财富，生活中，用好了智慧，财富自会滚滚而来，你的人生也将因此而精彩和快乐。

弗吉尼亚州的 W.C. 里夫斯建议林肯放弃萨姆特和皮肯斯城堡，以及南方各州的其他联邦产权。

林肯说：“你记得《狮子和樵夫的女儿》这个寓言吗？”

“那倒没听说过。”里夫斯大惑不解。

于是，林肯便给他讲了这个故事：

“一只狮子深深地爱上了一个樵夫的女儿。姑娘的父亲说：‘你的牙齿太大了。’狮子就去找牙医把牙齿拔了。它回来后又找樵夫提亲，樵夫说：‘还不行，你的爪子上的指甲太长了。’狮子又去找医生，把指甲也拔了，然后回来要姑娘嫁给它。樵夫看到狮子已经解除了武装，就把它的脑袋打开了花。”

林肯最后说：“如果别人让我怎样我就怎样，那我会不会也是这个下场呢？”

可见，再尖锐的牙齿，再锋利的爪子，也比不上一个会思考的脑袋。智慧，不但能让你逢凶化吉，更是解决问题的关键。

荷兰位于欧洲西北部，濒临北海，受洋流的影响，每到夏季，就有大批鲱鱼洄游到荷兰北部的沿海区域。

14世纪时，荷兰人口不到100万，却有近20万人从事捕鱼业。在当时，荷兰人每年可以从北海中捕获超过1000万千克的鲱鱼。小小的鲱鱼为1/5的荷兰人提供了生计，并成为荷兰的经济支柱。

荷兰人不敢想象，没有了鲱鱼，生活会是什么样子。

但是，造物主并没有给荷兰人独享鲱鱼的权利，生活在北海边的其他民族，也组织了捕捞鲱鱼的船队，以获得这种自然资源。和其他鱼类一样，鲱鱼保鲜的时间只有几天，而当时还没有制冷设施。随着大量的鲱鱼涌入欧洲市场，荷兰人的鲱鱼开始滞销、腐烂。这让一些荷兰人的生活陷入贫穷的危机。为了减少其他国家的捕捞量，荷兰人曾和他们的邻居苏格兰人爆发过三次战争，以争夺鲱鱼渔场。但战争也没能改变荷兰人的命运。

威廉姆·伯克尔斯宗是荷兰北部一个小渔村中的渔民。和很多荷兰人一样，威廉姆一直靠捕捞并出卖鲱鱼来养活妻子儿女。没有人买他的鲱鱼，就意味着威廉姆一家无法生存下去。那些日子，威廉姆每天满脑子想的都是鲱鱼：“市场上的鲱鱼太多，就不会好卖；鲱鱼不能快速卖掉，就会变质腐烂；鲱鱼烂掉，就会没有饭吃……”威廉姆在思考中，竟然一下子抓住了问题的关键：鲱鱼的腐烂。如果有一种方法能不让鲱鱼烂掉，所有的难题就都会迎刃而解！

这个念头让威廉姆兴奋不已，他开始寻找解决这个问题的方法。最终，威廉姆发明了一种特制的小刀，用这种小刀，一刀就可以除去一条鲱鱼的鱼肠，然后再把盐放到鱼腹里，这就解决了鲱鱼腐烂的问题。经过这样处理过的鲱鱼，可以保存一年多的时间不变质。在没有冰箱的时代，这种独特的方法让荷兰的鲱鱼在激烈竞争中脱颖而出，最终战胜对手，畅销到整个欧洲。

就这样，荷兰渔民凭借一把小刀，将一种人人都可以染指的自然资源，转化为荷兰独占的资本。紧接着，借助畅销的鲱鱼，荷兰人开始了商旅生涯和海上贸易。到 17 世纪的时候，这个仅有 150 万人口的国家不但成为整个欧洲的经济中心和最富庶的地区，还将自己的势力延伸到地球上的其他角落。当时，人们称荷兰为“海上第一强国”。

如今，在荷兰港口城市鹿特丹的市中心，仍矗立着威廉姆的塑像，细心的人会看到，威廉姆的手里拿着鲱鱼和一把小刀。这个塑像似乎在提醒人们：荷兰的发展和崛起，是从威廉姆的那把小刀开始的。

如同 14 世纪的荷兰人，每当危机降临到头上，人们的表现总是方寸大乱，然后千方百计地去寻觅一种能破解危机的利刃，却没想到，那利刃就藏在每个人自己的心里，它的名字叫智慧。

《塔木德》中说：“独特的眼光比知识更重要。”知识固然重要，但是，如果没有智慧去驾驭它，你的知识就不能发挥出最大的作用。

智慧比知识更重要——拥有知识并不难，但在实际生活中正确运用这些知识非常不易。金钱和智慧两者中，智慧比金钱重要，因为智慧是能赚到钱的智慧。

专注于眼前，收获于明天

成功的第一要素是：能够将你身体与心智的能量锲而不舍地运用在同一个问题上而不会厌倦的能力。做好自己的本职工作，然后才能考虑其他的。

有一天，成功学家拿破仑·希尔问有名的马戏表演者冈瑟·格贝尔·威廉斯给了子承父业的儿子什么建议，他回答："我告诉他要在场。"

拿破仑·希尔当时不能确定他的意思是什么，也许是一个父亲告诉儿子一定要出场表演，就像他自己曾经连续表演一万场次一样，但其实冈瑟·格贝尔·威廉斯另有用意。这位世界知名的驯兽师解释，当他在马戏场中与狮子、老虎、豹在一起时，他绝对不能心不在焉，他的心一定要在马戏场里。诚然，当你在马戏场中，身边环绕着危险的动物时，心不在焉是多么危险的事啊。事实上，心不在焉对任何事业都可能造成灾害。

罗斯福说过："我从来不去想做一件事情会带来什么样的好处。我的人生原则就是，专注于做好手边的工作，其他的一概不想。"专注于眼前的事情，比胡思乱想尚未发生的事要重要得多。与"身在福中不知福"的道理一样，很多人不珍惜自身所拥有，而叹息自己怀才不遇，其实我们只要认真把自己的本职工作做好，或者是比别人要求我们做的更多一点，将会发现世界在我们面前豁然开朗。

《成功》杂志庆祝创刊 100 周年时，编辑们节录了一些早期杂志中的优秀文章，其中最令人印象深刻的是一篇摘录文章。作者西奥多·瑞瑟在爱迪生的实验室外面等待三个星期之后，才访问到这位著名的发明家。以下就是访谈的部分内容：

“瑞瑟：‘就你的经历，你认为成功的第一要素是什么？’

“爱迪生：‘能够将你身体与心智的能量锲而不舍地运用在同一个问题上而不会厌倦的能力……你整天都在做事，不是吗？每个人都是。假如你早上 7 点起床，晚上 11 点睡觉，你做事就做了整整 16 个小时。对大多数人而言，他们肯定是一直在做一些事，唯一的问题是，他们做很多很多事，而我只做一件。假如你们将这些时间运用在一个方向、一个目的上，你们就会成功。’”

广告大师罗瑟·瑞夫特就是认识到了这一点，才开创了一片天地。

罗瑟·瑞夫特在刚开始做文案的时候，薪水特别低。罗瑟生活十分困顿，叫苦连天，于是就想换份工作。朋友听说后告诫他说：“你现在的公司虽然小，但是很有发展潜力。如果你现在去找新的工作，你有什么出色的作品来作为筹码呢？你不如做好现在的工作，别想太多，做出几份出色的文案来，到那时，不是你找工作，而是工作来找你了。”罗瑟听了，打消了辞职的念头，潜心钻研，终于成为一代广告大师。

你想得到什么样的发展机会，先要看看你现在是什么人。机会并不是什么神秘莫测的事情，你应当想象到将来的发展，从生活中发现机会，把握住机会，从而改变自己的命运。

所以，不要做一个浮想联翩的梦想者。要知道如何踏实前进，从你现在的地位，向着你想要达到的目标前进。如果你对自己的目标幻想得太过度，而忘却了自己的实际情况，就会有一种错觉，觉得自己离目标已经很近。这很容易造成自满情绪，而忘却眼前的工作。

波士顿大学商科的教务长罗尔德对于毕业生曾经有这样的告诫："人们每每容易有一种危险——那就是分心于其他的问题，而把目前的问题疏忽了。年轻人有许多失败，就是因为把目前的职务看得太容易简单，以为不值得他用全部的精力去干。"

你当然应该有更高的追求，但你必须有一项切实的计划，依着计划由现在的地位前进以到达目的地。重要的问题是：我现在做的事，是不是在帮助我取得更好的机会。

最后，一定要记住：别管你的人生目标有多高，不要做一个空泛的梦想者。立足眼前，先把眼前的事情做好，这样才能谋求人生的最大发展。

第2章

有梦就别怕路远，想赢就别怕冒险

你若不勇敢，一切都免谈

生命是一连串的奇迹与不可能所组合的，未来会如何没有任何人能把握，冒险才是生命的真谛。

有一天，龙虾与寄居蟹在深海中相遇，寄居蟹看见龙虾正把自己的硬壳脱掉，只露出娇嫩的身躯。寄居蟹非常紧张地说："龙虾，你怎可以把唯一保护自己身躯的硬壳也放弃呢？难道你不怕有大鱼一口把你吃掉吗？以你现在的情况来看，连急流也会把你冲到岩石上去，到时你不死才怪呢。"

龙虾气定神闲地回答："谢谢你的关心，但是你不了解，我们龙虾每次成长，都必须先脱掉旧壳，才能生长出更坚固的外壳，现在面对的危险，只是为了将来发展得更好而做出准备。"

寄居蟹细心思量一下，自己整天只找可以避居的地方，而没有想过如何令自己成长得更强壮，整天只活在别人的庇护之下，难怪自己永远都会被限制发展。

每个人都有一定的安全区，你想跨越自己目前的成就，请不要画地自限。勇于接受挑战充实自我，才会发展得比想象中更好。

"衰老的重要标志，就是求稳怕变。所以，你想保持年轻吗？你希望自己有活力吗？你期待着清晨能在新生活的憧憬中醒来吗？有一个好办法——每天都冒一点险。”

在美国约塞未蒂国家公园，有一块垂直高度超过 300 米的大石，几乎是笔直的岩面，寸草不生。除了中段有个很小的岩洞可以栖身过夜外，整块石头可以说是毫无立足之地。只要光顾这里，导游就会指着这块光秃秃的石头对游客说："有一位因登山而失去了双腿的登山家曾经攀上了这块石头。当时电视现场直播，万人空巷。"

这是怎样一种人，怎样一种精神。探险，之于当事人来说，并非寻求物质享受。正如张朝阳在珠峰脚下营地的日记所写："我开始佩服那些勇敢攀登的人们；单只是虚荣心是无法支撑他们面对如此极端而危险的挑战，在那个时刻，你不会想到成功归来的鲜花与喝彩；那……还有什么？那是对人生严肃认真态度的毅然选择！那是内心勇敢乐观的无言明证！那是对人类生命力强大的终极的歌颂与赞叹！"

精神的力量，可以散布在人生的每一个角落，而这种体验也是一份生命的感动。

一位主管为了帮助一位长期保持稳定，但一直不愿晋升且无法突破的同事，煞费苦心却无法改变他。

有一天主管换了一种方式，问他的那位同事："倘若你的独生子小学毕业时愿意继续留在原小学，而不愿升初中，理由是：如果这样的话，他就可以一直保持名列前茅的优势，而免除不及格和落后他人的顾虑。身为人父的你，会同意吗？"他不假思索地答道："当然不行，怎么可以因为怕不及格和成绩单不好看而留级呢？上学的目的并不在成绩单，而在不断地学习与成长，考试与竞争的压力正是帮助学习与成长的最好方法。我绝对不会同意小孩留级，这样会害了小孩一辈子的。”

主管在旁边不断地点头微笑。最后话题一转，提醒他说：“身教重于言传，你自己应该是勇于接受挑战、突破竞争的时候了，别再担心无法达到目标及在与同行竞争中落后。如此因噎废食将使自己如同不愿升学的小孩，无形中遭到莫大的损失。”这位同仁在猛然顿悟之后果然接受忠告，以最快速度晋升做高职级，如同脱胎换骨一样。

每个人都会担心，怕定高目标后难以达到，怕晋升高职后比赛会输给别人，但是唯有接受挑战与压力才能不断地突破与成长。因为，勇谋大事而失败，强如不谋一事而成功。

理性的勇敢才是最值得称道的勇敢

勇敢的定义只有一个，但勇敢的表现却可能多种多样。

有这样一个故事：

老板招聘雇员，有三人应聘。老板对第一个应聘者说：“楼道有个玻璃窗，你用拳头把它击碎。”应聘者执行了，幸亏那不是一块真玻璃，不然他的手就会严重受伤。老板又对第二个应聘者说：“这里有一桶脏水，你把它泼到清洁工身上去。她此刻正在楼道拐角处那个小屋里休息。你不要说话，推开门泼到她身上就是了。”这位应聘者提着脏水出去，找到那间小屋，推开门，果然看见一位女清洁工坐在那里。他也不说话，把脏水泼在她头上，回头就走，向老板交差。老板此时告诉他，坐在那里的不过是个蜡像。老板最后对第三个应聘者说：“大厅里坐着个胖子，你去狠狠击他两拳。”这位应聘者说：“对不起，我没有理由去击他；即便有理由，我也不能用击打的方法。我因此可能不会被您录用，但我也不执行您这样的命令。”此时，老板宣布，第三位应聘者被聘用，理由是他是一个勇敢的人，也是一个理性的人。他有勇气不执行老板的荒唐命令，当然也更有勇气不执行其他人的荒唐命令了。

戴高乐将军也碰到过这样的勇敢者。

那是1965年，法国发生民变，巴黎的学生、市民走上街头，要求当时任总统的戴高乐下台。戴高乐无计可施，来到德国的巴登——法军驻德司令部设在这里。戴高乐要求驻德法军司令带兵回到巴黎平息民变。但戴高乐的两次要求都遭到那位驻德法军司令的拒绝，还劝说戴高乐放弃这个命令。后来，戴高乐非常感谢那位司令，称颂那位司令勇敢地拒绝执行他的命令。他还写信给那位司令的妻子，说这是上帝在他无能为力时让他来到巴登，又是上帝让他碰到那位司令。不然，他就可能是历史的罪人了。

三个应聘者，前两个坚决执行老板的命令，好像也无可厚非，但后一个拒绝执行老板的荒唐命令，则更值得赞誉。至于驻德法军的那位司令，敢于拒绝执行当时作为法国总统的戴高乐下发的有违民意、有违民主原则和精神的命令，就更难能可贵。所以，勇敢不勇敢，不只是一种行为的体现，其中也包含着理性，包含着道义。没有理性的、缺乏理性的勇敢，没有道义的、缺乏道义的勇敢，不一定就是好勇敢。

勇敢是一个褒义词，它所体现的是一种好品德。人们教育孩子就要做勇敢的好孩子。但勇敢确实又还有一个是与非的前提。勇敢不是盲从，不分是非的、没有理性的绝对执行命令的勇敢是一种可怕的勇敢，也是一种愚蠢的勇敢。而坚持真理，敢于同谬误、同发疯对抗的勇敢才是最值得称道的勇敢。

苦只会苦一阵子，怕就会输一辈子

“应当惊恐的时候，是在不幸还能弥补之时；在它们不能完全弥补时，就应以勇气面对。”

从著名女作家乔治·艾略特的自传中，人们终于知道了她为什么没有与赫伯特·斯宾塞结婚。那不是她的错，因为她非常爱他，非常想与他结婚。他们有很多共同之处，他也追求她很多年，很多人都以为他们将要结婚。

有一天，斯宾塞用抛硬币来决定是否结婚，他事先想好，如果是正面就结婚，如果是反面就不结婚。结果硬币是反面，他决定不结婚。这个决定既残酷，又草率。这深深地伤害了艾略特，因为她深深地爱着他，也期待着他的爱。她很痛苦。

在心碎数月之后，她写信给一位朋友说："我很好，很'勇敢'，我本来想把这个词换成'快乐'的。"当然，她也是幸运的，因为斯宾塞冷酷、抽象而又易怒。如果他们结婚，她所受到的痛苦可能更大。

实际上，这可以称得上是一种幸运的解脱方式。斯宾塞的个性僵硬，很多人认为他的哲学也是僵硬的。用抛硬币来决定终身大事，这样的行为如果不是出于自私，他的心理肯定有问题。由于斯宾塞一生未婚，可以说，对于其他女性来说，这也是幸运的。

当我们知道"勇气"可以代替"快乐"时，我们是幸运的，只是因为它揭示了生活中的一个事实。虽然我们失去了一些东西，但是，我们同时也有所得。即使我们没有运气，我们也可以有勇气。幸运也是变幻无常的，它会赋予一个人名声，赋予另一个人财富，并且可以毫无理由。勇气却是一个稳定而又可以依靠的朋友，只要我们信任它。

布菲特和利亚德是两个年轻人，他们原本生活在一个临海的小镇，但一场海啸吞噬了他们的家乡。两个人只好漂泊海上，寻找新的求生之地。

不知道漂了多久，他们终于到达一座无人的荒岛。两个人都很高兴，但是上岛之后才发现这里虫蛇遍地，处处都潜伏着危机，条件十分恶劣。

布菲特说："我们就在这里定居吧，虽然条件差点，但是我们可以改造啊。只要肯出力气，一定可以打造一个温暖的家。”但是利亚德并不赞同伙伴的观点，他不想再去花心思、费力气打造一片新天地。于是，他辞别了伙伴，继续漂泊，后来他终于找到一座鲜花烂漫的小岛。这个岛上已有人家，他们的祖先正是 18 世纪海盗的后裔，经过几代人的努力，小岛终于建成了一座花园。利亚德认为这样的地方才适合生存，他留下来，当了一名小工，日子过得不好不坏。

多年后，利亚德乘船经过那座荒岛，想起当年的伙伴，就上岸来探访老友的踪影。

刚踏上小岛，这里的一切都让他感到陌生，他甚至怀疑自己走错了地方，因为这根本就不像一座荒岛：高大的屋舍、整齐的田畴、健壮的青年、活泼的孩子……

他惊讶地参观着，四处寻找布菲特的身影。终于，他认出在樱桃树下休息的老人就是自己的老友。于是，他激动地上前打招呼，两个共患难的朋友紧紧拥抱在一起。也许是劳累的缘故，布菲特显得更为苍老，但是他的精神非常好。尤其当说起变荒岛为乐园的经历时，更是神采奕奕。

最后布菲特指着整个岛说：“这一切都是我双手干出来的，这是我的岛屿。”利亚德大吃一惊，他没想到当年的计划真的能够变成现实，心里很是愧疚，但是嘴上还在硬撑，他轻声嘟囔：“为什么上天这么厚爱你，当时让我留在这个岛上，也许会比现在更好。”

有句古老的谚语说：“生来就拥有财富还不如生来就有好运。”这句话说得也许正确，但是，如果生来就拥有勇气则会更好。财富可能会挥霍一空，好运可能会掉头而去，而勇气则会常伴你左右。

正像乔治·艾略特面对失恋的痛苦一样，让我们用笑脸来迎接悲惨的厄运，用百倍的勇气来应付一切的不幸。勇气在哪里，成功就在哪里；勇气在哪里，生命就在哪里。

敢于向不可能发起挑战

在自然界中，有一种十分有趣的动物，叫作大黄蜂。曾经有许多生物学家、物理学家、社会行为学家联合起来研究这种生物。根据生物学的观点，所有会飞的动物，必然是体态轻盈、翅膀十分宽大的，而大黄蜂这种生物的状况，却正好跟这个理论反其道而行之。大黄蜂的身躯十分笨重，而翅膀却出奇短小，依照生物学的理论来说，大黄蜂是绝对飞不起来的；而物理学家的论调则是，大黄蜂的身体与翅膀的比例，根据流体力学的观点，同样是绝对没有飞行的可能。简单地说，大黄蜂这种生物，是根本不可能飞得起来的。

可是，在大自然中，只要是正常的大黄蜂，没有一只是不能飞行的，甚至于它飞行的速度，并不比其他飞行动物慢。这种现象，仿佛是大自然和科学家们开了一个很大的玩笑。最后，社会行为学家找到了这个问题的答案。很简单，那就是——大黄蜂根本不懂“生物学”与“流体力学”。每一只大黄蜂在它成熟之后，就很清楚地知道，它一定要飞起来去觅食，否则必定会活活饿死！这正是大黄蜂之所以能够飞得那么好的奥秘。

由此可见，这世上没有绝对的“不可能”，只要敢于拼搏，一切皆有可能。

谈到“不可能”这个词，我们来看一看著名成功学大师卡耐基年轻时用的一个奇特的方法。

卡耐基年轻的时候想成为一名作家。要达到这个目的，他知道自己必须精于遣词造句，字典将是他的工具。但由于家里穷，接受的教育并不完整，因此“善意的朋友”就告诉他，说他的雄心是“不可能”实现的。

后来，卡耐基存钱买了一本最好的、最完全的、最漂亮的字典，他所需要的字都在这本字典里，而他对自己的要求是要完全了解和掌握这些字。他做了一件奇特的事，他找到“impossible（不可能）”这个词，用小剪刀把它剪下来，然后丢掉。于是他有了一本没有“不可能”的字典。以后他把整个事业建立在这个前提下，那就是“对一个要成长，而且超过别人的人来说，没有任何事情是不可能的”。

当然，并不是建议你从你的字典中把“不可能”这个字剪掉，而是建议你要从你的脑海中把这个观念铲除掉。谈话中不提它，想法中排除它，态度中去掉它、抛弃它，不再为它提供理由，不再为它寻找借口。把这个字和这个观念永远地抛开，而用光明灿烂的“可能”来代替它。

翻一翻你的人生词典，里面还有“不可能”吗？可能很多时候，在我们鼓起雄心壮志准备大干一场时，有人好心地告诉我们："算了吧，你想的未免也太天真、太不可思议了，那是不可能的事情。"接着我们也开始怀疑自己："我的想法是不是太不符合实际了，那是根本不可能达到的目标。"

假如回到 500 年前，如果有人对你说，你坐上一个银灰色的东西就可以飞上天；你拿出一个黑色的小盒子就能够跟远在千里之外的朋友说话；打开一个"方柜子"就能看到世界各地发生的事情……你也同样会告诉他"不可能"。但是今天，飞机、手机、电视甚至宇宙飞船都已变成现实了。正如那句老话所说的："没有做不到，只有想不到。"奇迹在任何时候都可能发生。

纵观历史上成就伟业的人，往往并非那些幸运之神的宠儿，而是那些将"不可能"和"我做不到"这样的字眼从他们的字典以及脑海中连根拔去的人。富尔顿仅有一只简单的桨轮，但他发明了蒸汽轮船；在一家药店的阁楼上，迈克尔·法拉第只有一堆破烂的瓶瓶罐罐，但他发现了电磁感应；在美国南方的一个地下室中，惠特尼只有几件工具，但他发明了锯齿轧花机；豪·伊莱亚斯只有简陋的针与梭，但他发明了缝纫机；贫穷的贝尔教授用最简单的仪器进行实验，但他发明了电话。

美国著名钢铁大王安德鲁·卡内基在描述他心目中的优秀员工时说："我们所急需的人才，不是那些有着多么高贵的血统或者多么高学历的人，而是那些有着钢铁般的坚定意志，勇于向工作中的'不可能'挑战的人。"

这是多么掷地有声、发人深省的一句话啊！

每一位在生活中，在职场上拼搏并希望获得成功的人，都应该把这句话铭刻在自己的记忆深处！敢于向“不可能”发出挑战，一切皆有可能！

人生最大的失败不是我不行，而是我本可以

在非洲的塞伦盖蒂大草原上，每年夏天，上百万只角马从干旱的塞伦盖蒂北上迁移到马赛马拉的湿地，这群角马正是大迁移的一部分成员。

在这艰辛的长途跋涉中，格鲁美地河是唯一的水源。这条河与迁移路线相交，对角马群来说既是生命的希望，又是死亡的象征。因为角马必须靠喝河水维持生命，但是河水还滋养着其他生命，例如灌木、大树和两岸的青草，而灌木丛还是猛兽藏身的理想场所。冒着炎炎烈日，口渴的角马群终于来到了河边，狮子突然从河边冲出，将角马扑倒在地。角马群扬起遮天的尘土，挡住了离狮子最近的那些角马的视线，一场厮杀在所难免。

在河流缓慢的地方，又有许多鳄鱼藏在水下，静等角马到来。有时湍急的河水本身就是一种危险。角马群巨大的冲击力将领头的角马挤入激流，它们若不是淹死，就是丧生于鳄鱼之口。

这天，角马们来到一处适于饮水的河边，它们似乎对这

些可怕的危险了如指掌。领头的角马慢慢地走向河岸，每头角马都犹犹豫豫地走几步，嗅一嗅，叫一声，不约而同地又退回来，进进退退像跳舞一般。它们身后的角马群闻到了水的气息，一齐向前挤来，慢慢将“头马”们向水中挤去，不管它们是否情愿。角马群已经有很长时间没饮过水，你甚至能感觉到它们的绝望，然而舞蹈仍然继续着。

过了三个小时，终于有一只小角马“脱群而出”，开始饮水。为什么它敢于走入水中，是因为年幼无知，还是因为渴得受不了？那些大角马仍然惊恐地止步不前，直到角马群将它们挤到水里，才有一些角马喝起水来。不久，角马群将一头角马挤到了深水处，它恐慌起来，进而引发了角马群的一阵骚乱。然后它们迅速地从河中退出，回到迁移的路上。只有那些勇敢地站在最前面的角马才喝到了水，大部分角马或是由于害怕，或是无法挤出重围，只得继续忍受干渴。每天两次，角马群来到河边，一遍又一遍地重复着这仪式。一天下午，一小群角马站在悬崖上俯视着下面的河水，其实它们向上游走 100 米就是平地，它们从那里很容易到达河边。但是它们宁可站在悬崖上痛苦地叫，也不肯向着目标前进。

生活中的你是否也像角马一样？是什么让你藏在人群之中，忍受着对成功之水的渴望？是对未知的恐惧，害怕潜藏的危险？还是你安于平庸的生活，放弃了追求？大多数人只肯远远地看着别人成功，自己却忍受干渴的煎熬。不要让恐惧阻挡你的前进，不要等待别人推动你前进。只有勇于冒险的人才可能成功。要知道，成就和风险是成正比的。世界上很少有报酬丰厚却不要承担任何责任的便宜事。怕担风险，只会让自己和成功无缘。

苹果电脑公司是闻名世界的企业。大家只知乔布斯是苹果电脑创办人，其实 30 年前，他是与两位朋友一起创业的，其中一名叫惠恩的搭档，人称美国最没眼光的合伙人。

惠恩和乔布斯是街坊，大家都爱玩电脑，两人与另一朋友合作，制造微型电脑出售。这是又赚钱又好玩的生意，三个人十分投入，并且成功制造出“苹果一号”电脑。在筹备过程中，用了很多钱。这三位青年来自中下阶层家庭，根本没有什么资本可言，大家四处借贷，请求朋友帮忙，惠恩只筹得 1/10 的资本。不过，乔布斯没有怨言，仍成立了苹果电脑公司，惠恩也成为小股东，拥有 1/10 的股份。

“苹果一号”以 660 美元出售，原本以为只能卖出一二十台，岂料大受市场欢迎，总共售出 150 台，收入近 10 万美元，扣除成本及债项，赚了 4.8 万美元，惠恩只分得 4800 美元，但当时已是一笔丰厚的回报。不过，惠恩没有收到这笔红利，只是象征性地拿了 500 美元作为工资，甚至连那 1/10 的股份也不要，急于退出苹果电脑公司。

苹果电脑公司后来发展成超级企业，如果惠恩当年就算什么也不做，单单继续持有那 1/10 股权，今时今日，应该有数十亿美元的身价。事实上，乔布斯的另一位搭档，也是凭股份成为亿万富翁的。

为什么惠恩当年愿意放弃一切？原来他很怕乔布斯，因为对方太有野心了。后来他向媒体说：“为什么我要马上离开苹果公司，要回 500 美元就算了？因为我怕乔布斯太过激进，日后可能会令公司负上巨额债项，那时我也要替公司负上 1/10 的责任！”转念间，惠恩终生与财富绝缘。

其实人世间好多事情，只要敢做，多少会有收获。尤其是在困境中，如果能拿出视死如归的勇气，必能化险为夷，任何困难都将迎刃而解。

勇气是人生的发动机，勇气能创造奇迹，勇气能战胜一切困难。试想，如果我们事事都能拿出破釜沉舟的勇气和决心，那么世间还有什么困难可言！

内心充满热量，才能释放热量

爱是人生存的根本，也是人的本能。无论是施爱还是被爱的人，他们都是幸福而快乐的，他们的情操也会是坦诚而又高尚的。

一个人内心的热量，便是经由爱产生的。一个内心充满爱的人，会懂得去播撒爱，因为他知道，只有播下种子，才会得到果实。爱是相互的，这个世界正因为有了爱，才会变得温暖美好。

一个在边远山村支教的女教师接受记者采访，当记者问让她在贫穷的山村坚持下去的动力是什么时，女教师平静地回答道：“是我的父亲。”她觉得，正是因为受到父亲身体力行的影响，她才会义无反顾地走上支教这条路。最后，这位女教师饱含深情地讲述了她父亲的故事：

我出生在一个山村，父亲在家乡是一名颇有威望的乡村医生，虽谈不上妙手回春，可在那穷乡僻壤的地方来说，算是很不错的了。在我很小的时候，母亲就去世了，所以，我经常跟着父亲穿街走巷地看望患病的乡里。

那时候，我很崇拜我的父亲，我崇拜的不是父亲精湛的医术，而是他高尚的医德。父亲每每看病，无论对方贫与富、尊与卑，他都会一视同仁，尤其是对那些穷苦人家，父亲每次看完病，绝不提钱的事，而是等对方主动送上门来，有时一等就是好几年，父亲也从没讨要过。如果遇到孤寡老人生病，父亲通常都是免费给他们治疗，而且他觉得这是一件很快乐的事情。

我起初并不理解父亲的做法，感觉他真的很傻，因为我们的家庭本身就不富裕。但慢慢地，我理解了父亲，其实父亲在帮助乡里乡亲的同时，也收获了用金钱无法衡量的东西：尊敬与爱戴。逢年过节，我们家会来好多的客人；田里的活儿会有乡邻帮着做；我童年可以吃“百家饭”……我知道，这一切都是因为父亲的缘故。

现在，我的父亲已经不在了，但我能时常感觉到父亲在看着我，看着我做的一切，我相信，我现在的选择是令他骄傲的。

女教师讲的这个故事，令许多人为之动容。

爱，可以让一个人的内心无比富足。

某报曾刊登过一则关于“大学生洪战辉带着捡来的妹妹求学 12 年”的感人报道，这则报道一经刊出，立即引来社会各界的关注。

洪战辉不是富有的人。相反，他的家境贫寒。他要自己挣学费，还要孝敬父母，还要刻苦读书。他贫穷到没有多余的能力来帮助别人，但是他 12 年如一日地照顾年幼的妹妹，而这个妹妹还是捡来的。

洪战辉的事迹对大多数人来说是激励。我们不禁要问：是什么让洪战辉变得这样强大，强大到足以为他人撑起一片天空？答案就是他内心有爱，他内心充满了热量。一个人只有内心充满热量，他才能够释放热量。可有太多的人却止步在“心有余而力不足”的消极心态中。

今天，在一片追求明星梦、财富梦的声浪中，每个人都希望自己活得出色快乐。可快乐从哪里来呢？首先我们要保持一种快乐的心态，其次才是快乐地生活。

现代社会提倡和谐，我们讲和谐，不仅要力求人与人和谐、人与社会和谐、人与自然和谐，还要注重人的内心和谐。人的内心和谐是和谐社会的一个高的境界。热量来源于光，要想让我们的内心充满热量，我们就要有和谐的内心和阳光的心态，也就是营造知足、感恩、达观的心理，树立乐观、向上的人生态度，通过个人内心和谐来促进家庭和谐、生活和谐和社会和谐。

你的内心如果是一团火，就能释放出光和热；你的内心如果是一块冰，就是融化了也还是零度。要想温暖别人，你内心要有热；要想照亮别人，请先照亮自己；要想照亮自己，首先要照亮自己的内心。送人温暖，在让他人的心暖起来的同时，自己内心也会更加温暖。

一个被温暖充盈着的人，内心也会变得充实。这种充实，往往伴随着一种人生价值和意义的追问，一种精神境界的自觉提升，最终变为一种快乐、幸福的感觉。因而，内心温暖的人，不会排斥物质财富的追求，收入多一点，日子过得好一点，皆是人之常情。但追求并不会到此止步，而是致力于为心灵搭建一座温暖的“大房子”，获得精神上的富足。有的人“穷得只剩下钱”，就在于只追求了身外的“大房子”，心灵却无处归依。“善人通过行善获得幸福”，正在于许多人通过奉献爱心感觉到，为他人送去温暖，自己会更幸福，内心更富足。

第3章

决定你上限的不是能力，而是格局

你的世界观，就是你的世界

我们说心就像一个人的翅膀，心有多大，世界就有多大。但如果不能打碎心中的四壁，你的翅膀就舒展不开，即使给你一片大海，你也找不到自由的感觉。

有一条鱼在很小的时候被捕上了岸，渔人看它太小，而且很美丽，便把它当成礼物送给了女儿。小女孩把它放在一个鱼缸里养了起来，每天这条鱼游来游去总会碰到鱼缸的内壁，心里便有一种不愉快的感觉。

后来鱼越长越大，在鱼缸里转身都困难了，女孩便给它换了更大的鱼缸，它又可以游来游去了。可是每次碰到鱼缸的内壁，它畅快的心情便会黯淡下来，它有些讨厌这种原地转圈的生活了，索性静静地悬浮在水中，不游也不动，甚至连食物也不怎么吃了。女孩看它很可怜，便把它放回了大海。

它在海中不停地游着，心中却一直快乐不起来。一天它遇见了另一条鱼，那条鱼问它："你看起来好像闷闷不乐啊！"它叹了口气说："啊，这个鱼缸太大了，我怎么也游不到它的边！"

我们是不是就像那条鱼呢？在鱼缸中待久了，心也变得像鱼缸一样小了，不敢有所突破。即使有一天，到了一个更为广阔的空间，已变得狭小的心反倒无所适从了。

打开自己，需要开放自己的胸怀。

开放，是一种心态、一种个性、一种气度、一种修养；是能正确地对待自己、他人、社会和周围的一切；是对自己的专业和周围的世界都怀有强烈的兴趣，喜欢钻研和探索；是热爱创新，不墨守成规，不故步自封，不固执僵化；是乐于和别人分享快乐，并能抚慰别人的痛苦与哀伤；是谦虚，承认自己的不足，并能乐观地接受他人的意见，而且非常喜欢和别人交流；是乐于承担责任和接受挑战；是具有极强的适应性，乐意接受新的思想和新的经验，能够迅速适应新的环境；是坚强的心胸，敢于面对任何的否定和挫折，不畏惧失败。

不打开自己，一个人就不可能学会新东西，更不可能进步和成长。开放的胸怀，是学习的前提，是沟通的基础，是提升自我的起点。在一个组织里，最成功的人就是拥有开放胸怀的人，他们进步最快、人缘最好，也容易获得成功的机会。

具有开阔胸怀的人，会主动听取别人的意见，改进自己的工作。比尔·盖茨经常对公司的员工说："客户的批评比赚钱更重要。从客户的批评中，我们可以更好地汲取失败的教训，将它转化为成功的动力。"比尔·盖茨本人就是一个心态非常开放的人，他鼓励公司里每个人畅所欲言，当别人和他有不同意见时，他会很虚心地去听。每次公开讲演之后，他都会问同事哪里讲得好，哪里讲得不好，下次应该怎样改进。这就是世界首富的作风，也是他之所以能成为首富的潜质。

开放的心自由自在，可以飞得又高又远；而封闭的心像一池死水，永远没有机会进步。如果你的心过于封闭，不能接纳别人的建议，就等于锁上了一扇门，禁锢了你的心灵。要知道褊狭就像一把利刃，会切断许多机会及沟通的管道。

花草因为有土壤和养分才会茁壮成长、绽放美丽，人的心灵也必须不断接受新思想的洗礼和浇灌，否则智慧就会因为缺乏营养而枯萎死亡。

苛求他人，等于孤立自己

每个人都有可取的一面，也有不足的地方。与人相处，如果总是苛求十全十美，那么永远也交不到真正亲密的朋友。在这一点上，曾国藩早就有了自己的见解，他曾经说过："概天下无无瑕之才，无隙之交。大过改之，微瑕涵之，则可。"意思是说，天下没有一点缺点也没有的人，没有一点缝隙也没有的朋友。有了大的错误，要能够改正，剩下小的缺陷，人们给予包容，就可以了。为此，曾国藩总是能够宽容别人，谅解别人。

当年，曾国藩在长沙读书，有一位同学性情暴躁，对人很不友善。因为曾国藩的书桌是靠近窗户的，他就说："教室里的光线都是从窗户射进来的，你的桌子放在了窗前，把光线挡住了，这让我们怎么读书？"他命令曾国藩把桌子搬开。曾国藩也不与他争辩，搬着书桌就去了角落里。曾国藩喜欢夜读，每每到了深夜，还在用功。那位同学又看不惯了："这么晚了还不睡觉，打扰别人的休息，别人第二天怎么上课啊？"曾国藩听了，不敢大声朗诵了，只在心里默读。一段时间之后，曾国藩中了举人，那人听了，就说："他把桌子搬到了角落，也把原本属于我的风水带去了角落，他是沾了我的光才考中举人的。"别人听他这么一说，都为曾国藩鸣不平，觉得那个同学欺人太甚。可是曾国藩毫不在意，还安慰别人说："他就是那样子的人，就让他说吧，我们不要与他计较。"

凡是成大事者，都有广阔的胸襟。他们在与别人相处的时候，不会计较别人的短处，而是以一颗平常心看待别人的长处，从中看到别人的优点，弥补自己的不足。如果眼睛只能看到别人的短处，那么这个人的眼里就只有不好和缺陷，而看不到别人美好的一面。在生活中，每个人都可能跟别人发生矛盾。如果一味地跟别人计较，就可能浪费自己很多精力。与其把自己的时间浪费在一些鸡毛蒜皮的小事上，不如就放开胸怀，给别人一次机会，也可以让自己有更多的精力去做更多有意义的事情。

我们与别人发生矛盾时，总想着与别人争出高低来，但是往往因为说话的态度不好，使得两个人吵起来，甚至大打出手。其实，牙齿没有不碰到舌头的。很多事情忍耐一下，也就过去了。有些矛盾的产生，别人也不一定就是故意的，我们给予他包容，他可能会主动认识到错误，也给自己减少了很多麻烦。

从新的视角拍摄生活的乐趣

一少妇投河自尽，被正在河中划船的船夫救起。船夫问："你年纪轻轻，为何自寻短见？""我结婚才两年，丈夫就抛弃了我，接着孩子又病死了。您说我活着还有什么意思？"船夫听了，想了一会儿，说："两年前，你是怎样过日子的？"少妇说："那时的我自由自在，没有任何烦恼……""那时你有丈夫和孩子吗？""没有。""那么你不过是被命运之船送回到两年前去了。现在你又自由自在，没有任何烦恼了，你还有什么想不开的？请上岸去吧……"

听了船夫的话，少妇仿佛做了一个梦，她揉了揉眼睛，想了想，心中豁然开朗。从此，她没有再寻短见。她从另一个角度看到了希望的曙光。

有位哲人说："我们的痛苦不是问题的本身带来的，而是我们对这些问题的看法而产生的。"这句话很经典，它引导我们学会解脱。解脱的最好方式是面对不同的情况时，用不同的思路从多角度分析问题。因为事物都是多面性的，视角不同，所得的结果就不同。

要解决一切困难是一个美丽的梦想，但任何一个困难都是可以解决的。一个问题就是一个矛盾的存在，而每一个矛盾只要找到了合适的节点，就可以把矛盾的双方统一。这个节点不停地变幻，它总与那些处在痛苦中的人玩游戏。转换看问题的视角，就是不能用同种方式去看所有的问题和问题的所有方面。如果那样，你肯定会钻进死胡同，离节点越来越远，处在混乱的矛盾中不能自拔，就像故事中的那个少妇一样容易产生轻生的念头。

活着是需要睿智的。如果你能换个视角看问题，你就会看到事物美好的一面；换个视角看人生，你就会从容坦然地面对生活。当痛苦向你袭来的时候，不要悲观气馁，要寻找痛苦的原因、教训及战胜痛苦的方法，勇敢地面对多舛的人生。

换个视角看人生，你就不会为战场失败、商场失手、情场失意而颓废，也不会为名利加身、赞誉四起而得意忘形。

换个视角看人生，是一种突破、一种解脱、一种超越、一种高层次的淡泊宁静。换一个视角看待世界，世界无限宽大；换一种立场对待人事，人事无不自在。

你可以不认同，但不必排斥

法国的启蒙思想家伏尔泰说：“虽然我不同意你的观点，但我誓死捍卫你说话的权利。”这是西方人对尊重个体与尊重自由的呐喊。而东方文化，讲究的是包容，是海纳百川，是泽被万物，是儒家这一主体思想对外来佛教的包容与融合，是接受彼此的差异化，求同存异，是和谐共处，因此这一文化之源流几千年不断绝。

传说在喜马拉雅山中有一种共命鸟。这种鸟只有一个身子，却有两个头。有一天，其中一个头在吃美果，另一个头则想饮清泉，由于清泉离美果的距离较远，而吃美果的头又不肯退让，于是想喝清水的头十分愤怒，一气之下便说："好吧，你吃美果却不让我喝清水，那么我就吃有毒的果子。"结果两个头都同归于尽。

还有一条蛇，它的头部和尾部都想走在前面，互相争执不下，于是尾巴说："头，你总在前面，这样不对，有时候应该让我走在前面。"头回答说："我总是走在前面，那是按照早有的规定做的，怎能让你走在前面？"两者争执不下，尾巴看到头走在前面，就生了气，卷在树上，不让头往前走，它趁着头放松的机会，立即离开树木走到前面，最后掉进火坑被烧死了。

无论是两头鸟还是那条头尾相争的蛇，都是因为不知道求同存异的这个道理，最终导致两败俱伤，受到伤害的终究还是自己。如果那只鸟的一个头能够先让另一只喝到水，再过去吃鲜果，那自己不是也没有什么损失吗？只是哪个先哪个后的问题。人有时候实际上和这两只鸟一样，只要不计较个人得失，就不会让自己和别人受难。

这世上的事物千差万别，人与人之间也存在着众多的差异，生活背景、生活方式、个性、价值观等的差异，让我们的相处也存在着或多或少的困难，无所谓希望或者失望、信任或者背叛，我们所能做的只能是相互尊重、相互包容、求同存异、真诚相对，而不必强求一致。

正是因为这种差异性的存在，在客观上便要求我们要做到“求同存异”，即在寻找相互之间相同的地方的同时，也要尊重相互之间客观存在的差异性，从而实现相互之间的合作。因此，要做到“求同存异”，“尊重”是基础，而且还需要有耐心、能包涵、心胸开阔。如果能将这一条与取长补短、开诚布公协调运用，那么，不仅双方能表达得更为舒畅，而且还能从中学到不少的新东西。

我们要逐渐学会求同存异，保留相同的利益要求，与人相处也要照顾别人的利益，在自己的利益与别人的利益之间求中间值，让自己的利益和别人的利益都得到实现。

如果我们不懂得求同存异，那么，我们就很有可能在面临差异与分歧的时候相互争斗，最终使双方都受到巨大的伤害。在生活和工作中，我们也该本着“求同存异”的原则与他人相处。寻找人与人之间的共同点往往是我们打造良好人际关系的开始，也是求同存异的前提条件，并且在共同点的基础之上相互尊重对方的差异性，只有这样才能与对方进行合作，并且最终取得双赢的局面。

格局有多大，就能走多远

“拿得起”不仅仅是在踌躇满志时，“放得下”也绝不仅仅是在遭受挫折时。在人生的每时每刻，我们都应把它们看作一个整体。一个人在处事中，拿得起是一种勇气，放得下是一种肚量。

在热带丛林里，猎人经常制作一些笼子捕猎猴子，笼子里挂着果实，笼子上开一个小口，刚好够猴子的前爪伸进去，如果猴子抓住坚果就无法将爪子抽出来了。而猴子有一种习性，就是不肯放弃已经到手的东西，所以它们最终成为了猎人的猎物。

猴子被捉的悲剧告诉我们，在生活中必须学会“拿得起、放得下”，学会适时松开手。人生的成败往往蕴含于取舍之间，“放得下”的关键在于你是否能够在人生道路上进行果敢的取舍。

拿得起，实为可贵；放得下，是人生处世之真谛。成大事者不会计较一时的得失。他们都知道放下什么，如何放下。放得下，你就可以轻装前进；放得下，你就可以摆脱烦恼和纠缠，整个身心沉浸在轻松悠闲的宁静中。

放得下会使你赢得别人的信赖；放得下会改变你的形象，使你显得豁达豪爽；放得下还会使你变得更能干，更精明，更有力量。在这个世界上，为什么有的人活得轻松，而有的人活得沉重？前者是拿得起，放得下；而后者是拿得起，却放不下，所以沉重。

放下心中所有难言的负荷，放下失恋的痛楚，放下费尽精力的争吵，放下屈辱留下的仇恨，放下对虚名的争夺，放下对权力的角逐……凡是次要的、枝节的、多余的，该放下的都要放下。只有放得下，才能将该拿起的东西更好地把握住。

由于科场中贿赂盛行，舞弊成风，蒲松龄四次考举人都落第了。最后他放弃了“科考”这条可以使自己走上仕途的道路，而选择了著书立说。他立志要写一部“孤愤之书”。他在压纸的铜尺上镌刻了一副著名的对联，上书：

有志者，事竟成，破釜沉舟，百二秦关终属楚；

苦心人，天不负，卧薪尝胆，三千越甲可吞吴。

蒲松龄以此自敬自勉。后来，他终于写成了《聊斋志异》，流传百世。

蒲松龄虽然科举落第，与仕途无缘，但他找到了成就自己的另一个方向。在这条新开辟的道路上，他取得了成功，也为后人留下了宝贵的精神财富。

人生是一种相依相得的平衡，放不下就得不到，得不到就会很痛苦。拿得起放得下，反映的是一个人生命的品质和品位。这需要一种不断积蓄的能量。唯有拿得起、放得下，才能厚积薄发，举重若轻，处事从容。一个明智的人，拿得起有分量的东西，同样也放得下它，只要是服从自己内心，就可以进行另一选择。

放下的，当然是应该放下的，过去了的，不应有的，强求而难以达到的。放得下，看似消极，实质却是一种积极的心态。对于自己的过去，大可不必耿耿于怀，是好是坏都已过去，生命并非只有一处灿烂辉煌。包容过去，融通未来，创造人生新的春天，人生才更加明媚迷人。

人生并非只有一处辉煌，别处风景也许更加迷人。站在特定的时点，审时度势，做出你的选择，找到你真正的生活目标。因此，你有时须从新的角度看待自己，重新找回自信，你会发现自己有越来越多值得欣赏的地方。

拿得起与放得下是生命中最重要的修养之一，我们只有果断清醒地放下应该放下的，随和且随缘地看待人生旅途中遇到的利害得失、祸福变故，接纳和融合所遇到的一切，才能腾出生命的空间，享有所拥有的一切。

拿得起是可贵，放得下是超脱。鲜花、掌声能等闲视之，挫折、灾难能坦然承受。人生最大的敬佩是拿得起，生命最大的安慰是放得下。当迷雾消散尘埃落定的那一刻，你会发现这一切原本只是自己放不下。烦事人人有，放下自然无。

人生随时都可以改变

这个世界上不会有人一生都毫无转机，穷人可能会腾达为富人，富人也可能沦落为穷人，很多事情都是发生在一瞬间。富有或贫穷，胜利或失败，光荣与耻辱，所有的改变都会在一瞬间发生。

比如，一个人要戒烟，如果他总认为戒烟是一个渐进的、缓慢的过程，要逐渐地戒，那他永远也戒不了烟；他只有在某天突然醒悟，才会痛下决断，马上坚决采取戒烟措施，才有可能戒掉烟。

CNN 的老板特德·特纳，年轻时是一个典型的花花公子，从不安分守己，他的父亲也拿他没办法。他曾两次被布朗大学除名。不久，他的父亲因企业债务问题而自杀，他因此受到了很大的触动。他想到父亲含辛茹苦地为家庭打拼，他却在胡作非为，不仅不能帮助父亲，反而为父亲添了无数麻烦。他决定改变自己的行为，要把父亲留给自己的公司打理好。从此他像变了一个人，成了一个工作狂，而且不断寻找机会，壮大父亲留下的企业，最终将 CNN 从一个小企业变成了世界级的大公司。

其实，人的改变就在一瞬间，只要我们在思想上有了一种强烈的要改变的意识，并下定决心，变化就会出现。一瞬间的改变可以成就一个人的一生，也可以毁灭一个人的一生，所以，我们不能忽视一瞬间的力量。

鲁迅认为中国落后是因为中国人的体格不行，被称作东亚病夫，于是他去日本学习医学。但一次在课间看电影的时候，他看到日本军人挥刀砍杀中国人，而围观的中国人却一脸的麻木，当时其他的日本同学大声地议论："只要看中国人的样子，就可以断定中国必然灭亡。"鲁迅思想上顿时发生了改变，他说："我便觉得医学并非一件紧要事，凡是愚弱的国民，即使体格如何健全，如何茁壮，也只能做毫无意义的示众的材料和看客，病死多少是不必以为不幸的。所以我们的第一要著是在改变他们的精神，而善于改变精神的是，我那时以为当然要推文艺，于是想提倡文艺运动了。"从此，鲁迅决定弃医从文，以笔为枪，去唤醒沉睡中的中国。

禅宗讲求顿悟，认为人的得道在于顿悟，在于一刹那的开悟。其实人生也是这样，人思想的改变就在一瞬间。当我们顿悟后，我们就能洞察生命的本性，从被奴役的生活走向自由的道路，将蕴藏在内心的仁慈和潜能都充分发挥出来。

一个人想要达到成功的巅峰，也需要顿悟，从你的内心深处升起的那份强烈的渴望，将会在瞬间改变你的一生。

第4章

低潮时积蓄的能量，终有一天让你的人生华丽突围

坦然面对挫折，吸取教训

俗话说：水无常形，兵无常势。人生的失败、挫折也是这样，最重要的是你如何坦然面对它们。

在过去的岁月里，对你而言，或许是页页创痛的伤心史，在检阅过去的一切时，你也许会觉得你处处失败，一事无成。你热烈地期待着成功的事业却不能如愿，连你最亲近的亲戚朋友，甚至也要离弃你！你的前途，似乎是十分惨淡和黑暗！但是，虽有上述种种不幸，只要你不甘心永远屈服，胜利就会向你招手。

人的一生不可能一帆风顺，遇到挫折和困难是难免的，你不可能一直处于顺境、一直处于辉煌，当你人生走到了“山”的顶峰必然会走下坡路，但要如何做到坦然面对、心态放平稳，对于我们才是最重要的。

在20世纪60年代初期，美国化妆品行业的“皇后”玫琳·凯把她一辈子积蓄下来的5000美元作为全部资本，创办了玫琳·凯化妆品公司。

为了支持母亲实现“狂热”的理想，两个儿子也“跳往助之”，辞去了较好的工作，加入到母亲创办的公司中来，宁愿只拿250美元的月薪。玫琳·凯知道，这是背水一战，是在进行一次人生中的大冒险，弄不好，不仅自己一辈子辛辛苦苦的积蓄将血本无归，而且还可能葬送两个儿子的美好前程。

在创建公司后的第一次展销会上，她隆重推出了一系列功效奇特的护肤品，按照原来的计划，这次活动会引起轰动，一举成功。但是，“人算不如天算”，整个展销会下来，她的公司只卖出去 15 美元的护肤品。

在残酷的事实面前，玫琳·凯不禁失声痛哭，而在哭过之后，她反复地问自己：“玫琳·凯，你究竟错在哪里？”

经过认真的分析，她及时调整了自己的不良心态，坦然地接受了这一切。最后终于悟出了一点：在展销会上，她的公司从来没有主动请别人来订货，也没有向外发订单，而是希望人们自己上门来买东西……难怪在展销会上落到如此的境地。

于是她从第一次失败中站了起来。如今，玫琳·凯化妆品公司发展到现在已经成为一个国际性的公司，拥有一支 20 万人的推销队伍，年销售额超过 3 亿美元。

已经步入晚年的玫琳·凯能创造如此奇迹，并不是上天的怜悯，而是她面对挫折时，坦然地接受了这一切，悟出一个好的想法并着手开始自己的行动，最后获得了巨大的成功。

要善于检验你人格的伟大力量，你应该常常扪心自问，在除了自己的生命以外，一切都已丧失了以后，在你的生命中还剩余什么？即在遭受失败以后，你还有多大勇气？如果你在失败之后，从此一蹶不振，放手不干而自甘永久屈服，那么别人就可以断定，你根本算不上什么人物；但如果你能雄心不减、大步向前，不失望、不放弃，那么别人就可以断定，你的人格之高、勇气之大，是可以超过你的损失、灾祸与失败的。

无论你做了多少准备，有一点是不容置疑的：当你进行新的尝试时，你可能犯错误，无论你是作家，还是企业家，或者是运动员，只要不断对自己提出更高的要求，都难免失败。但失败并不重要，重要的是要从中吸取教训。

古人云：前事不忘，后事之师。在克服挫败方面，我们的祖先已经给我们做出了太多的榜样。在社会竞争激烈的今天，挫折无处不在，若一时受挫而放大痛苦，将会终身遗憾。遭遇挫折，就当痛苦是你眼中的一粒尘埃，眨一眨眼，流一滴泪，就足以将它淹没；遭遇挫折就当它是一阵清风，让它在你耳旁轻轻吹过；遭遇挫折，就当它是一阵微不足道的小浪，不要让它在你心中激起惊涛骇浪；遭遇挫折，不要放大痛苦。擦一擦身上的汗，拭一拭眼中的泪，继续前进吧！

没有谁的一生，是一路踩着红毯走过来的

人生不可能有坦途，当我们无法改变外在环境时，要想跨越生命中的障碍，取得某种突破，往往需要一定的魄力。

路如蛛网。

老人端坐蛛网中央。

远远地，一个黑点在网上移动。

渐渐地，近了，近了，老人看清，那是一个魁伟英俊、朝气蓬勃的年轻人。年轻人着一身牛仔服，穿一双登山鞋，背一个旅行包，拄一根铁拐杖，正急急地向老人靠近。

年轻人来到老人面前，深深地鞠了一躬。

“老大爷，我要到山那边去，该走哪条路？”

老人缓缓地抬起右手，伸出三个指头，反问道：“左、中、右三条路，你想走哪一条？”

年轻人踌躇了一会儿，说：“左边。”

“左边的路坎坷不平！”

老人说完，闭上了眼睛。

年轻人二话没说，拄着拐杖，走了。

不知过了多久，年轻人又来到老人面前。

“老大爷，我必须到山那边去，但怎么也走不出那些坎坷，您老人家能告诉我出山的路吗？”

老人又缓缓地抬起右手，伸出三个指头：“左、中、右，你想走哪条路？”

“右边的。”年轻人声音很轻，似乎不好意思。

“右边的路，布满荆棘！”

老人说完，又闭上了眼睛。

年轻人呆呆地望了老人一会儿，拄着拐杖，一步一步地走了。

不知过了多久，年轻人再次来到老人面前。他放下背包，席地而坐，喘了几口粗气，才说：“老大爷，我一定要到山那边去，但走来走去，总是在原地打转，走不出迷惑的荆棘，您老人家能帮帮忙，告诉我出山的路吗？”

老人还是缓缓地抬起右手，伸出三个指头：“左、中、右，你想走哪一条路？”

“我想走一条平坦的路！”年轻人毫不犹豫地回答，脸上掠过一丝笑容。

“平坦的路是没有的啊！”老人说完，眼光却似乎充满了鼓励。

年轻人用沉思的眼光扫了老人一眼，似乎明白了老人的用意，背起背包，拄着拐杖，一步一步，坚定地向前走去。

很多人希望能在平坦的人生之路上高唱心中最美的牧歌，像海子去草原寻找美丽的灰姑娘，像三毛去天堂寻找心爱的荷西。如果没有平坦的路，我们就要做一些冒险和牺牲，就像愚公为了走上坦途，选择了移山。

人生本无坦途，在漫长的道路上，谁都难免遇上厄运和不幸。我们从生活中不仅要品尝失败的痛苦，同时也应该学会享受收获与快乐。只要我们善于总结跌倒的教训，在哪里跌倒在哪里爬起来，告别迷惘的昨天，珍惜美好的今天，微笑着面对明天，充满信心展望更加灿烂的后天。不管是从辉煌成功中走出，还是在失败中奋起，漫漫人生路，踏平坎坷成大道，才是我们不懈的追求。

一家公司的主管，在一次培训课上，用一幅图诠释了一个人生寓意。

他首先在黑板上画了一幅图：在一个圆圈中间站着一个人。接着，他在圆圈的里面加上了一座房子、一辆汽车、一些朋友。

主管说："这是你的舒服区。这个圆圈里面的东西对你至关重要：你的住房、你的家庭、你的朋友，还有你的工作。在这个圆圈里面，人们会觉得自在、安全，远离危险或争端。现在，谁能告诉我，当你跨出这个圈子后，会发生什么？"

教室里顿时鸦雀无声，一位积极的学员打破沉默："会害怕。"

另一位说："会出错。"

这时，主管微笑着说："当你犯错误了，其结果是什么呢？"

最初回答问题的那名学员大声答道："我会从中学到东西。"

主管说："是的，你会从错误中学到东西。当你离开舒服区以后，你学到了你以前不知道的东西，你增加了自己的见识，所以你进步了。"

主管再次转向黑板，在原来那个圈子之外画了个更大的圆圈，还加上些新的东西，包括更多的朋友、一座更大的房子，等等。

"如果你总是在自己的舒服区里打转，你就永远无法扩大你的视野，永远无法学到新的东西。只有当你跨出舒服区以后，你才能使自己人生的圆圈变大，你才能把自己塑造成一个更优秀的人。"主管说道。

的确，在这个世界上，没有一成不变的环境与事物，每个人随时随地可能都需要转换生存方式、生存环境、生存角色、生存意识。如果始终拘泥于一种思考方式、一个固定的位置，就会成为井底之蛙，看不到更广阔的空间，得不到更长远的发展。

人类科学史上的巨人爱因斯坦，在报考瑞士联邦工艺学校时，竟因三科不及格落榜，被人嘲笑为“低能儿”。为什么厄运没有摧垮他？因为他眼里始终把坎坷看作人生的轨迹，是人生的一种磨炼。假如没有当时的厄运和无奈，也许就没有他日后绚丽多彩的人生。

世上有许多的事情是难以预料的。成功伴随着失败，失败伴随着成功。面对成功或荣誉，不要狂喜，也不要盛气凌人，把功名利禄看轻些，看淡些；面对挫折或失败，要像爱因斯坦、小泽征尔那样，不要忧伤，更不要自暴自弃，把厄运羞辱看远些，看开些。

漫长的人生道路上，难免会有得意与失落的时候，十年河东十年河西，在困难到来的时候，不需要你拼命地往前去冲，只要你别向后退缩，咬着牙挺过去，把手头的事做好了，幸福也就不远了。

人生本无坦途，太顺利了未必就是一件好事，人的一生，既要享受生活带给你的幸福，也要能承受生活带给你的磨难。生活是一把双刃剑，穷有穷的开心，富也有富的烦恼。重要的是你的心态，心态不好你的快乐就会很少，心态好了快乐就会随时在你身边。

在通向成功的人生道路上布满了荆棘，充满数不清的艰难、困苦、辛酸与煎熬。人世间的风风雨雨，就是这个世界赐予我们的智慧，一个人越是经风雨见世面，他的阅历就越广，阅历越广，大脑开发的程度就越高，大脑的开发程度越高，拥有的智慧就越多。

踏平坎坷是坦途，一个人一生中的坎坷，不是苦难，而是财富。每一个挫折与失败，都是一次痛苦的记忆和教训，但也是灯塔、航标，是未来人生路上的指南针。

无论是面对逆境，还是一直走在坦途上，只有怀着积极心态的人，才能不断地超越自己，才能在未来世界的发展之中立于不败之地。因此，我们每个人都要勇于更新自己的思维方式，转换自己的生存状态，调整自己的前进步伐。

每一个艰苦卓绝的现在，终会有一个掌声雷动的未来

失败和痛苦是上帝与人们的一种沟通方式，好让你知道自己为何失败。

痛苦、失败和挫折是人生必须经历的阶段。受挫一次，对生活的理解便加深一层；失误一次，对人生的领悟便增添一级；磨难一次，对成功的内涵便透彻一遍。从这个意义上说：

想获得成功和幸福，想过得快乐和充实，首先就得真正领悟失败、挫折和痛苦。

英国一个保险公司曾经从拍卖市场上买下一艘船，这艘船原来属于荷兰一个船舶公司，它1894年下水，在大西洋上曾138次遭遇冰山，116次触礁，13次失火，207次被风暴折断桅杆，但是却从来没有沉没过。

根据英国《泰晤士报》报道，截止到1987年，已经有一千二百多万人参观了这艘船，仅参观者的留言就有一百七十多本。在留言本上，留得最多的一条就是——在大海上航行没有不带伤的船。

在大海上航行没有不带伤的船，我们在生活中同样不可能会一帆风顺，难免会有伤痛和挫折。失败和挫折其实本来就是人生不可或缺的一部分。失败和痛苦是上帝与人们的一种沟通方式，好让你知道自己为何失败。迈向成功的转折点，通常是由失败或挫折所决定的。

有这么一个人，他的人生简历如下：

22岁，生意失败；

23岁，竞选州议员失败；

24岁，生意再次失败；

25岁，当选州议员；

26岁，情人去世；

27岁，精神崩溃；

29岁，竞选州长失败；

34岁，竞选国会议员失败；

37 岁，当选国会议员；

39 岁，国会议员连任失败；

46 岁，竞选参议员失败；

47 岁，竞选副总统失败；

49 岁，竞选参议员再次失败；

51 岁，当选美国总统。

这个人就是亚伯拉罕·林肯，美国历史上最伟大的总统之一，经历了无数次的失败，终于在最后一次获得成功。什么叫成功者？成功者不过是爬起来比倒下去多一次。就这样的一次，便是成功者与失败者的最大区别。

追求成功的过程中一定充满挫折与失败。你不打败它们，它们就会打败你。任何人在到达成功之前，没有不遭遇失败的。每一个成功的故事背后都有无数失败的故事。伟大的发明家爱迪生在经历了一万多次失败后才发明了灯泡，而沙克也是在试用了无数介质之后，才培养出了小儿麻痹疫苗。约翰·克里斯在出版第一本书之前，曾写过 564 本其他书，并遭到了一千多次的退稿，但他并没有灰心放弃，终于在第 565 本书获得了成功，成为英国著名的多产作家。

所以，接受失败，正确对待失败，危机就能成为转机，总会有云开雾散的一天。失误其实也是一种特殊的教育、一种宝贵的经验，换个角度去面对它，可能会有意想不到的收获。

一名德国工人在生产书写纸时，不小心弄错了配方，结果生产出一大批不能书写的废纸。他不但被扣工资，还被罚钱，最后遭到解雇。但他并没有灰心丧气，在朋友的提醒下，他想到，这批纸虽然不能作为书写纸来使用，但吸水性极佳，可用来吸干器具上的水。于是，他将这批纸切成小块，取名“吸水纸”，上市后相当抢手。后来，他申请了专利，因此成为大富翁。

在行业圈子里，流传着宝洁公司的这样一个规定：如果员工三个月没有犯错误，就会被视为不合格员工。对此，宝洁公司全球董事长白波先生的解释是：那说明他什么也没干。

人的一生不可能一帆风顺。挫折失败，是人生中必然的过程与代价。只有经过挫折的考验，人才能走向成熟。

经历最严酷的考验，才看得到最极致的风景

痛苦是一架梯子，对于强者来说，它通向成功的殿堂；对于弱者来说，它则通向黑暗的地狱。

在这个世界上，没有人喜欢痛苦。然而，人生就是痛苦和幸福的综合体，每一个人都摆脱不了痛苦。痛苦是一种折磨，同时又是一种力量。舒适、悠闲远不如坎坷与磨难更能锻炼人，更能发挥人的长处。痛苦造就人的禀赋，痛苦也磨炼人的禀赋，痛苦更能教人靠耐心和韧劲，从苦难之海中顽强跋涉出来。

在报纸上看到这么一则新闻：美国巴拉马州有一个 12 岁的小男孩，他的名字叫作杰森，在他 10 岁的时候患了脑癌，已经动过三次大手术并进行了数十次电疗。主治医生认为他的病情不容乐观，但是杰森却勇敢面对他的绝症。他喜欢画画，即使在病床上，他也坚持作画，他的作品曾经数次获得全国大奖。为了在生前开第一次也许是最后一次个人画展，他每天都抽出 4 个小时绘画。他说："我一定要坚持活下去。贝多芬不是在耳聋后，仍创作出美妙的《月光曲》吗？"

经过多次化疗后，杰森的视力持续衰退，耳朵开始溃烂，但是他的画展依然如期开幕了。杰森因为手术无法亲临现场，只能请一位同学代念了一封他写的信。他在信中是这么说的："我会好起来的，我相信我一定会好起来的。痛苦虽然很可怕，但我现在已经学会习惯它了。正是痛苦让我知道了人生的宝贵，我将努力珍惜以后的时光。"

勇敢的杰森已开过三次刀，都是直接在脑袋上开刀。他在第三次手术时，主动要求不要麻醉药，因为癌症带来的痛苦远超过开刀的痛苦。

面对坚强的杰森，不由得让人肃然起敬。人，一旦超越了痛苦，痛苦就不再是牵绊，而是一种伟大的力量。

痛苦，是一把成长的钥匙，让你迅速成长；

痛苦，是飞翔的翅膀，让你更接近梦想；

痛苦，是人生的催化剂，让你更有力量；

痛苦，是一扇通往智慧的门，将人带入心灵的殿堂；

痛苦，是一个炼钢的火炉，让你更加刚强；

……

高尔基一生历经坎坷，吃了不少苦，也收获了不少人生阅历，充实的人生经历为他的成就打下了基础。回顾往事的时候，高尔基说道：“一个人如果没有他吃不了的苦，那么就没有他做不成的事情。”人如果能正视苦难，是一种人生的豪迈。善待苦难，苦中作乐，是一种人生的乐趣！

人生有多残酷，你就该有多坚强

以欢乐面对人生，以宽容对待别人，以笑声战胜挫折，以信心面对困难，以欣赏的目光看待每一件事物。

1954 年，当美国著名作家海明威上台接受诺贝尔文学奖时，他却谦虚地说道：“得此奖项的人应该是那位美丽的丹麦女作家——凯伦·布里克森。”

海明威所说的这位丹麦女作家，就是获得多项奥斯卡金像奖电影《走出非洲》的女主人公。《走出非洲》这部电影的结尾，打上一行小小的英文字：凯伦·布里克森返回丹麦后成了一位女作家。

凯伦·布里克森（1885 — 1962）从非洲返回丹麦后，不但成为一位享誉欧美文坛的女作家，而且在她去世 30 多年后，她和比她早出世 80 年的安徒生并列为丹麦的“文学国宝”。

凯伦·布里克森离开非洲的那一年，可以说是一个什么都没有的女人，有的只是一连串的厄运：她苦心经营了 18 年的咖啡园因长年亏本被拍卖了；她深爱的英国情人因飞机失事而毙命；她的婚姻早已破裂，前夫再婚；最后，连健康也被剥夺了，多年前从丈夫那里感染到的梅毒发作，医生告诉她，病情已经到了药物不能控制的阶段。回到丹麦时，她可以说是身无分文，而且除了少女时代在艺术学院学过画画以外，无一技之长。她只好回到母亲那里，仰赖母亲，她的心情简直陷落到绝望的谷底。

在痛苦与低落的状况下，她鼓足了勇气，开始在童年老家伏案笔耕。一个黑暗的冬天过去了，她的第一本作品终于脱稿，是 7 篇诡异小说。

她的天分并没有立刻受到丹麦文学界的欣赏，她的第一本作品在丹麦饱尝闭门羹。有的人甚至认为，她的故事中所描写的鬼魂，简直是颓废至极。凯伦·布里克森在丹麦找不到出版商，便亲自把作品带到英国去，结果又碰了一鼻子灰。英国出版商很礼貌地回绝她："夫人，我们英国现在有那么多的优秀作家，为何要出版你的作品呢？"凯伦·布里克森颓丧地回到丹麦。她的哥哥蓦然想起，曾经在一次旅途中认识了一位在当时颇有名气的美国女作家，便毅然把妹妹的作品寄给那位美国女作家。事有凑巧，那位女作家的邻居正好是个出版商，出版商读完了凯伦·布里克森的作品后，大为赞赏地说，这么好的作品不出版实在是太可惜了，她愿意为文学冒险。

1943年，凯伦·布里克森的第一本作品《七个歌特式故事》终于在纽约出版，并一鸣惊人，好评如潮。当消息传到丹麦时，丹麦记者才四处打听，这位在美国名噪一时的丹麦作家到底是谁?

凯伦·布里克森在她行将50岁那年，从绝望的黑暗深渊，一跃而成为文学天际一颗闪亮的星星。此后，凯伦·布里克森的每一部新作都成为名著，原文都是用英文书写，先在纽约出版，然后再重渡北大西洋回到丹麦，以丹麦文出版。

凯伦·布里克森在成名后说：在命运最低潮的时刻，她和魔鬼做了个交易。她效仿歌德笔下的浮士德，把灵魂交给了魔鬼，作为承诺，让她把一生的经历都变成了故事。

凯伦·布里克森把自己一生的各种经历先经过一番过滤、浓缩，最后把精华部分放进她的故事里。她的故事大都发生在一百多年前，因为她认为，唯有这样她才能得到最大的文学创作自由。熟悉凯伦·布里克森的读者，不难在其作品中看到她的影子。

凯伦·布里克森写作初期以Isak Dinesen为笔名，成名后才用回本名。Isak，犹太文是“大笑者”的意思。她之所以采用这个笔名，也许是在暗示世人，以笑声面对残酷的命运。

凯伦·布里克森成为北大西洋两岸文学界的宠儿后，丹麦时下的年轻作家皆拜倒在她的文学裙下，把她当女王般看待。74岁那年，她第一次拜访纽约，纽约文艺界知名人士，包括赛珍珠和阿瑟·米勒皆慕名而来。

凯伦·布里克森为她的文学也付出了很大的代价，梅毒给她带来极大的肉体痛苦，当梅毒侵入她的脊柱时，她常痛得在地上打滚。晚年时，她变得极其消瘦、衰弱，坐立行皆痛苦不堪。

凯伦·布里克森死时 77 岁，死亡证书上写的死因是：消瘦。正如她晚年所说的一句话："当我的肉体变得轻如鸿毛时，命运可以把我当作最轻微的东西抛弃掉。"

有的人喜欢以笑声面对困苦，有的人喜欢以埋怨面对不幸。既然笑也要过生活，哭也要过生活，为什么不能让自己过得快乐一点呢？所以，无论遭遇多大的痛苦和不幸，你都要面带微笑，勇敢面对，让自己活得快乐一点，活得精彩一点！

可以不成功，但一定要成长

生活中很多东西是难以把握的，但是成长是可以把握的。也许我们再努力也成为不了刘翔，但我们仍然能享受奔跑。可能会有人妨碍你的成功，却没人能阻止你的成长。换句话说，这一辈子你可以不成功，但是不能不成长。

人生旅途中，不会是那么一帆风顺、如愿如期，总有一些或多或少的困难与挫折。既然上天给了我们一次锻炼与考验的机会，我们又何必那么吝啬，畏首畏尾，退避三舍呢？与其在那蜷缩手脚、闷闷不乐，倒不如在逆境中顽强拼搏，急流勇退。毕竟是“山重水复疑无路，柳暗花明又一村”，天无绝人之路。当老天为你关闭这扇窗，必定也为你打开了另一扇窗，只是你缺少睿智的眼睛。

一位父亲很为他的孩子苦恼。因为他的儿子已经十五六岁了，可是一点男子气概都没有。于是，父亲去拜访一位禅师，请他训练自己的孩子。

禅师说：“你把孩子留在我这边，3个月以后，我一定可以把他训练成真正的男人。不过，这3个月里面，你不可以来看他。”父亲同意了。

3个月后，父亲来接孩子。禅师安排孩子和一个空手道教练进行一场比赛，以展示这3个月的训练成果。

教练一出手，孩子便应声倒地。他站起来继续迎接挑战，但马上又被打倒，他就又站起来……就这样来来回回一共16次。

禅师问父亲：“你觉得你孩子的表现够不够男子气概？”

父亲说：“我简直羞愧死了！想不到我送他来这里受训3个月，看到的结果是他这么不经打，被人一打就倒。”

禅师说：“我很遗憾你只看到表面的胜负。你有没有看到你儿子那种倒下去立刻又站起来的勇气和毅力呢？这才是真正的男子气概啊！”

不断地倒下，再不断地爬起，正是在这种磕磕碰碰中我们成长了。故事中男子汉的气概并不是表现在我们跌倒的次数比别人少，而是在于，每次跌倒后，我们都有爬起来再次面对困难的勇气和不达目的誓不罢休的毅力。

每个人都在成长，这种成长是一个不断发展的动态过程。也许你在某种场合和时期达到了一种平衡，而平衡是短暂的，可能瞬间即逝，不断被打破。成长是无止境的，生活中很多东西是难以把握的，但是成长是可以把握的，这是对自己的承诺。

抑郁症、躁郁症正威胁着现代人，仍有许多人无法坦然面对。但有谁想得到，曾两度夺得香港电影金像奖最佳导演的尔冬升原来也曾受抑郁症的折磨。不过，他就是从那时开始才学会成长，从而一步步走向成熟，拍出了《旺角黑夜》这样成功的电影。

面对激烈的竞争、种种挑战和痛苦，我们唯一能做的就是迅速充实自己，成长起来，只有这样，才不会被困难和挑战击倒。

在逆境中学会成长，姑且看成是上天对我们“特别”的关怀，对我们的怜悯与施舍，我们也应做出成绩，做出榜样。在逆境中提升人格的力量，磨砺性格的力量，增强信念的力量，最后交织融合，升华自己生命的力量。

逆境不但不会把人打倒与压垮，反而能让人的潜能最大限度地迸发出来，创造出乎预料的奇迹。“文王拘而演《周易》；仲尼厄而作《春秋》；屈原放逐，乃赋《离骚》；左丘失明，厥有《国语》；孙子膑脚，兵法修列；不韦迁蜀，世传《吕览》；韩非囚秦，《说难》《孤愤》；《诗》三百篇，大抵圣贤发愤之所作也。”张海迪、霍金……他们都是在困难挫折面前，顽强奋发，自力更生，最终战胜磨难，实现了个人的价值。是啊，不经历风雨怎能见彩虹，“不经一番寒彻骨，哪得梅花扑鼻香”。逆境在某种程度上能造就我们的成功。

允许自己犯错，学会在逆境中成长，我们的羽翼会更加丰满，便能飞向天涯海角；我们的心胸会更加宽广，便能容纳百川；我们的双臂会更加结实与厚重，便能承载千山万水。

第5章

并非梦想遥不可及，是你从未脚踏实地

你自以为的极限，其实只是别人的起点

拥有潜能，你要保护自己的潜能，再充分发挥潜能，才会有成功的机会。

在生活中，很多人都拥有优于其他人的潜能，但是，这些人却不会保护自己的潜能，导致许多人终其一生都没将潜能发挥出来，平庸度日。

要想成功，一个人必须注意不要让别人拿走你的潜能。

在遥远的国度里，住着一窝奇特的蚂蚁，它们有预知风雨的能力。而最近蚂蚁们清楚地知道，有巨大的暴风雨正逐渐逼近，整窝蚂蚁全部动员，往高处搬家。

这窝蚂蚁之所以奇特，不在于它们预知气候的能力，许多其他动物也具备这样的天赋。它们的特别之处是整窝蚂蚁都只有五只脚，并不像一般蚂蚁长有六只脚。

由于它们只有五只脚，行动也就没有一般蚂蚁快捷，整个搬家的行动缓慢。虽然面对暴风雨来袭的沉重压力，每只蚂蚁心中都焦急不堪，行动却半点也快不了。

在漫长的搬家队伍中，有一只蚂蚁与众不同，它的行动快速，不停地往返高地与蚁窝之间，来回一趟又一趟，仿佛不知劳累，辛苦地尽力抢搬蚁窝中的东西。

这只勤快的蚂蚁引起了五脚蚂蚁群的注意，它们仔细观

察它的动作，终于找出这只蚂蚁动作如此敏捷的关键，它有六只脚！

五脚蚂蚁的搬家队伍暂停下来，它们聚在一起，窃窃私语，讨论这只与它们长得不同，行动却快过它们数倍的六脚蚂蚁。

经过冗长的讨论后，五脚蚂蚁们终于达成共识。它们扑上前去，抓住那只六脚蚂蚁，一阵撕咬过后，将它那多出来的一只脚扯了下来。

行动迅速的那只蚂蚁被扯去一只脚，也变成了平凡的五脚蚂蚁，在搬家的行列中，迟缓地跟随大家移动。

五脚蚂蚁们很高兴它们能除去一个异类，增加一个同伴，这时，雷声已在不远处隆隆地响起。

常常在我们接触到一个新的机会、有了一个好的创意，或是工作取得进步时，五脚蚂蚁群便会适时出现。它们会告诉你，你得到的机会是陷阱、你的好创意是行不通的，或是提醒你，工作勤奋不一定会有好的报偿。无所不用其极的目的，是想扯去你突然间多出来的一只脚。

尤其是当你正确地运用出你的潜能时，周围类似五脚蚂蚁般的消极意识更会增加，各式各样不可能的思想蜂拥而至，企图要你放弃他们所不懂的潜能，让你成为平庸的人。

在这个时候，你一定要很好地把握自己，用你自己的独立思想，来保护自己多出来的那只“脚”。坚持你自己的想法，珍惜自己得到的机会，发挥自己独特的创意，更加勤奋地工作，加倍地发挥你自己最大的潜能。这样你才能在未来获得成功。

心中有光，生命才会向阳

任何时候都不要坐在那里等待，从现在起就开始行动，在行动中激发自己的潜能，说不定你就能创造奇迹！

生活中的你是否还在为命运不济而哀叹呢？如果是，那还是赶紧收起这些怨天尤人的论调吧！行动起来，在行动中激发自己的潜能，说不定你就能创造奇迹。

在美国颇负盛名、人称传奇教练的伍登，在全美 12 年的篮球年赛当中，帮助加州大学洛杉矶分校赢得 10 次全美总冠军。如此辉煌的成绩，使伍登成为大家公认的有史以来最成功的篮球教练之一。

曾经有记者问他："伍登教练，请问你如何保持这种积极的心态？"

伍登很愉快地回答："每天我在睡觉以前，都会提起精神告诉自己：我今天的表现非常好，而且明天的表现会更好。"

"就只有这么简短的一句话吗？"记者有些不敢相信。

伍登坚定地回答："简短的一句话？这句话我可是坚持了 20 年！重点和简短与否没关系，关键是在于你有没有持续去做，如果无法持之以恒，就算是长篇大论也没有帮助。"

伍登的积极心态超乎常人，不单只是对篮球的执着，对于其他的生活细节也是保持这种精神。例如有一次他与朋友开车到市中心，面对拥挤的车流，朋友感到不满，继而频频抱怨，但伍登却欣喜地说："这里真是个热闹的城市。"

朋友好奇地问："为什么你的想法总是异于常人？"

伍登回答说："一点都不奇怪，我是用心里所想的事情来看待，不管是悲是喜，我的生活中永远都充满机会，这些机会的出现不会因为我的悲或喜而改变，只要不断地让自己保持积极的心态，一刻也不停地去行动，我就可以把握机会，激发更多的潜在力量。"

其实每个人都有伍登那样的潜力，但是大部分人都不能像伍登那样，时刻保持积极的心态去努力。如果每个人都能像伍登一样，那他也一定会是一个有才华的人，并且在行动中不断进步，创造奇迹的可能就会时刻存在。

对手不是敌人，而是朋友

善待你的对手，尽显品格的力量和生存的智慧。

一旦谈到双赢，人们一向以为这种情况只会发生在自己与合作伙伴之间，而与对手，"不是你死，就是我亡"，这才是最终的结局。

真的是这样吗？显然，答案是否定的。其实我们和对手也可以走进双赢的境地。

所以，我们需要合作伙伴，而不要排斥对手。

对手，是失利者的良师。有竞争，就免不了有输赢。其实，高下无定式，输赢有轮回。曾经败在冠军手下的人，最有希望成为下一场赛事的冠军。只因败者有赢者作师，取人之长，补己之短，为日后取胜奠基。更有一些智者，一番相争之后，便能知己知彼，比得赢就比，比不赢就转，你种苹果夺冠，我种地瓜也可以领先。

对手，是同剧组的搭档。人生在世能够互成对手，也是一种缘分，仿佛同一个分数中的分子、分母。如此说，结局往往只有赢多赢少之别，并无绝对胜败之分。角色有主有次，登台有先有后，掌声有多有少，但彼此相依，缺了谁戏也演不成。同在一个领导班子中也如此，携手共进，共创佳绩，方可交相辉映。

孟子说："入则无法家拂士，出则无敌国外患者，国恒亡。"奥地利作家卡夫卡说："真正的对手会灌输给你大量的勇气。"善待你的对手，方尽显品格的力量和生存的智慧。

在秘鲁的国家级森林公园，生活着一只年轻的美洲虎。由于美洲虎是一种濒临灭绝的珍稀动物，全世界现在仅存17只，所以为了很好地保护这只珍稀的老虎，秘鲁人在公园中专门辟出了一块近20平方公里的森林作为虎园，还精心设计和建盖了豪华的虎房，好让美洲虎自由自在地生活。

虎园里森林茂密，百草丛生，沟壑纵横，流水潺潺，并有成群人工饲养的牛、羊、鹿、兔供老虎尽情享用。凡是到过虎园参观的游人都说，如此美妙的环境，真是美洲虎生活的天堂。

然而，让人们感到奇怪的是，从没有人看见美洲虎去捕捉那些专门为它预备的“活食”，从没有人见它王者之气十足地纵横于雄山大川，啸傲于莽莽丛林，甚至未见它像模像样地吼上几嗓子。

人们常看到它整天待在装有空调的虎房里，或打盹儿，或耷拉着脑袋，睡了吃吃了睡，无精打采。有人说它大约是太孤独了，若是找个伴儿，或许会好些。

于是政府又通过外交途径，从哥伦比亚租来了一只母虎与它做伴，但结果还是老样子。

一天，一位动物行为学家到森林公园来参观，见到美洲虎那副懒洋洋的样儿，便对管理员说，老虎是森林之王，在它所生活的环境中，不能只放上一群整天只知道吃草、不知道猎杀的动物。

这么大的一片虎园，即使不放进去几只狼，至少也应该放上两只猎狗；否则，美洲虎无论如何也提不起精神。

管理员们听从了动物行为学家的意见，不久便从别的动物园引进了两只美洲狮投进了虎园。这一招果然奏效，自从两只美洲狮进虎园的那天起，这只美洲虎就再也躺不住了。

它每天不是站在高高的山顶愤怒地咆哮，就是有如飓风般冲下山冈，或者在丛林的边缘地带警觉地巡视和游荡。老虎那种刚烈威猛、霸气十足的本性被重新唤醒。它又成了一只真正的老虎，成了这片广阔的虎园里真正意义上的森林之王。

一种动物如果没有对手，就会变得死气沉沉。同样的，一个人如果没有对手，那他就会甘于平庸，养成惰性，最终导致庸碌无为。

一个群体如果没有对手，就会因为相互的依赖和潜移默化而丧失灵活，丧失生机。

一个行业如果没有对手，就会因为丧失进取的意志、安于现状而逐步走向衰亡。

许多人都把对手视为是心腹大患，是异己，是眼中钉，是肉中刺，恨不得马上除之而后快。其实只要反过来仔细一想，便会发现拥有一个强劲的对手，反而倒是一种福分、一种造化。

因为一个强劲的对手，会让你时刻有种危机四伏感，它会激发起你更加旺盛的精神和斗志。

有时候，表面上看来，我们从对手身上得到的学习机会没有那么直接、明显，然而，仅仅是承受他带给我们的压力，就已是很宝贵的机会，可以对我们的成长起到很大的助益。不要随便把对手视为敌人或仇人，只有这样，我们才可以冷静地观察对方，客观地审视自己；也唯有这样，才能在与对手交手的过程中学到东西。

然而，很多人无法这样看待对手。由于对手和敌人往往只有一线之隔，甚至是一体两面，因而对手也很容易被视为仇人。很多人会带着各种情绪来看待对手，经常会这样想：敌人和仇人当然是不好的，哪有向他们学习的道理？

不少人在碰到对手的时候，首先是不屑一顾（觉得对手的实力不过如此），接下来是愤怒（发现这样的人竟然有很多人喜欢，还威胁甚至超越自己），最后则是不允许别人在自己面前说对手的只言片语。

其实，越是敌人和仇人，可学的东西才越多。对方要消灭你，一定是倾巢而动、精锐尽出。对方使出浑身解数的时候，也就是传授你最多招数的时候（敌人为了激怒你、伤害你而使出的一些手段，就是任何其他老师所不能教你的）。所以，如果你有个很强的对手，你应该从心底欢喜。就像每天要照照镜子一样，你每天都要仔细盯紧这个对手，好好欣赏他，好好向他学习。而最好的学习，永远来自于你和他交手、被他击中的那一刻。

一个人有了对手，才会有危机感，才会有竞争力。有了对手，你便不得不奋发图强，不得不革故鼎新，不得不锐意进取，否则，就只有等着被吞并、被替代、被淘汰。

善待你的对手吧！有时候，将我们送上领奖台的，不是我们的朋友，而恰恰是我们的对手。

别为压力抓狂，别为未来迷茫

不在压力中奋起，便在压力中灭亡。要想在人生的道路上走得更远，你必须选择前者。

毕业之后面临着就业压力，就业之后面临着工作压力，其他还有诸如生活压力、竞争压力、恋爱压力等，如果你没有在压力面前奋起的勇气，那你只能在重重压力中陷入虚无。

众所周知，张学友是香港著名歌星，是“四大天王”之一，很多人痴迷他的歌，喜欢他的电影，羡慕他的辉煌，可有几个人知道他艰辛的奋斗历程呢？不要自卑，也不要害怕挫折，这是他的成功秘诀。

他的第一份工作是在政府贸易处当助理文员，工作十分乏味。不肯安于现状的性格使他不久跳槽到了一家航空公司，但工资比第一份工作还少。当时他也没有想过有一天会成为明星，踏入娱乐圈是偶然的，成功也来得太快，这使得他沉溺在成功带来的满足感和优越感之中，只知道尽情玩乐，逐渐变得放纵、狂傲、骄横，得罪了许多人。结果他的唱片销量直线下降，第一张、第二张唱片都可以卖20万张，第三张只卖了10万，接着是8万、2万。他走在街上，原来是“学友”“学友”的欢呼，现在成了粗言秽语；站在舞台上，原来是鲜花热吻，现在是阵阵嘘声。起初张学友接受不了这残酷的事实，没有去分析原因，而是去一味逃避：酗酒、骂人、闹事。家人朋友不断地劝慰他，但他一概不听！

沮丧的日子持续了两三年，后来他开始自省，意欲东山再起，这是他骨子里不肯服输、敢于一拼的性格所决定的。如果天生懦弱，自杀恐怕是他最终的抉择。他很了解娱乐圈“一沉百人踩”的事实，知道要东山再起所面对的艰辛，但他决意一拼！他后来总结经验说：“当你决定要面对挫折和困难时，原来并不是没有出路的！”他努力唱出自己的风格，努力拍戏，努力去研究失败的原因，努力学习处世方法，努力应对各种刁难和挫折……全力以赴，付出了不为圈外人所知的艰辛，辉煌逐渐又回到了他的身边。

他说，没有人可以避免压力和挫折，重要的是要有豁达、乐观、坚毅、忍耐的性格，要搞清楚自己的位置和方向，才能走过失败，重新振作。他说自己希望做一只蜗牛，蜗牛永远不会理会别人的催促，无视外来的压力，只是依着自己的步伐和所选择的方向，勇往直前，这必能成功。

压力和挫折时刻都会存在，有人说，人没有了压力生活就会没有了方向，就像没有了风，帆船不会前进一样。但你一定不能在压力中不思进取，否则你将被压力淹没。

远离虚荣才能接近对手

对手是你的“敌人”，但从另一个方面来说，对手也是对你的成功帮助最大的人。你只有抛弃虚荣心理，才能跟你的对手走到一起。

商场上有句俗话这样说：“同行是冤家。”不错，你的同行的确就是你的竞争对手。在抢占市场时，你们的确是冤家。但是，不可否认的是，如果没有竞争对手，只有个人垄断，那将会导致不思发展的后果。有时候，要想使自己变得更强更好，就必须要善待自己的对手。

那你要怎样接近自己的对手呢？这就要求你抛弃虚荣心理，主动和对方接触，你才能接近对手，并了解对手，学习对手，最终达到双赢的效果。

有个名叫西拉斯的人，在一个小镇上开了一家杂货铺。这铺子是他爸爸传下来的，他爸爸又是从他爷爷手里接过来的。他爷爷开这铺子的时候南北两边正在打仗。

西拉斯买卖公道，信誉很好。他的铺子对镇上的人来说就像手足，不可缺少。西拉斯的儿子在长大，小铺子就要有新接班人了。

可是有一天，一个外乡人笑嘻嘻地来拜访西拉斯，情况便变得严重了！此人说，他想买下这铺子，请西拉斯自己作价。

西拉斯怎么舍得？即便出双倍价格他也不能卖！这铺子可不仅仅是铺子，这是事业，是遗产，是信誉！

外乡人耸耸肩，笑嘻嘻地说："抱歉，我已选定街对面那幢空房子，粉刷一番，弄得富丽堂皇，再进些上好货品，卖得更便宜，那时你就没生意了！"

西拉斯眼见对面空房贴出了翻新布告，一些木匠在里面锯呀刨呀，有一些漆匠爬上爬下，他的心都碎了！他无可奈何却又不无骄傲地在自家店门上贴了张告白："敝号系老店，95 年前开张。"

对面也换了一张告白："敝号系新店，下礼拜开张。"

人们对比着读了，无不心中暗笑。

新店开业前一天，西拉斯坐在他那间阴暗的店堂里想心事，他真想把对手臭骂一顿，幸亏西拉斯有个好妻子。

"西拉斯，"她用低低的声音缓缓地说，"你巴不得把对面那房子放火烧了，是不是？"

“是巴不得！”西拉斯简直在咬牙切齿，“烧了有什么不好？”

“烧也没用，人家有保险。再说，这样想也缺德。”

“那你说我该怎么想？”西拉斯冒着火。

“你该去祝愿。”

“祝愿天火来烧？”

“你总说自己是个厚道人，西拉斯，你一碰到切身事就糊涂。你该怎么做不是很清楚吗？你应该祝愿新店开业成功。”

“你是脑筋出问题了吧，贝蒂。”

说是这么说，西拉斯最后决定去一次。

第二天早晨新店还没开门，全镇人已等在外边。大家看着正门上方赫然写着“新新百货店”几个金字，都想进去一睹为快。

西拉斯也在人群中，他快快活活跨到台阶上大声说：“外乡老弟，恭喜开业，谢谢你给全镇人带来方便！”

他刚说完便吃了一惊，因为全镇人都围上来朝他欢呼，还把他举起来。大家跟他进店参观。那外乡老板笑嘻嘻地牵着西拉斯的手，两个生意人像老朋友。

后来，两家生意都做得兴隆，因为小镇一年年变大了。

这个故事给我们一个很好的启示：

一个能容忍对手发展的人，不但是一个胸襟宽广的人，还是一个具有远见的人。让竞争对手时刻在背后激励自己、鞭策自己，使自己不能有片刻懈怠，努力向前发展，实现双赢目的，实在是再好不过。

放下自私和虚荣，主动接受对方。“尺有所短，寸有所长”，只要你诚心结交，对方也会坦诚相待，你就会从对手身上学到长处，从而更有利于自己的发展。

第6章

曾经面对的嘲笑，都会成为你日后调侃的骄傲

失败，只不过是暂时输了一场比赛

每个人都希望无论何时都站在适合自己的位置，说着该说的话，做着该做的事。但不经过挫折磨炼的人是不可能达到这种境界的，人总要从自己的经历中汲取经验。所以，做人要输得起。

输不起，是人生最大的失败。

人生犹如战场。我们都知道，战场上的胜利不在于一城一池的得失，而在于谁是最后的胜利者，人生也是如此，成功的人不应只着眼于一两次成败，而是应该不断地朝着成功的目标迈进。当然，一两次的失败确实可能使你血本无归，甚至负债累累。

最要紧的是不应该泄气，而是应该从中吸取教训，用美国股票大亨贺希哈的话讲："不要问我能赢多少，而是问我能输得起多少。"只有输得起的人，才能不怕失败。

当然，我们不一定非要真正经历一次重大的失败，只要我们做好了认识失败的准备，"体验失败"一样能够带来刻骨铭心的教训，而那失败的起点比那些从来没有过失败经历的人要高得多，并且失败越惨痛，起点则越高。

只有惨烈地死过一回的人，才能获得更好的更为成功的新生。

贺希哈 17 岁的时候，开始自己创业，他第一次赚大钱，也是第一次得到教训。那时候，他一共只有 255 美元。在股票的场外市场做一名投资客，不到一年，他便发了第一次财：16.8 万美元。他为自己买了第一套像样的衣服，在长岛买了一幢房子。

随着第一次世界大战的结束，贺希哈以为随着和平而来的大减价，顽固地买下隆雷卡瓦那钢铁公司。结果呢？他说："他们把我剥光了，只留下 4000 美元给我。"贺希哈最喜欢说这种话，"我犯了很多错，一个人如果说不会犯错，他就是在说谎。但是，我如果不犯错，也就没有办法学乖。"这一次，他学到了教训，"除非你了解内情，否则，绝对不要买大减价的东西。"

1942 年，他放弃证券的场外交易，去到未列入证券交易所买卖的股票生意。起先，他和别人合资经营，一年之后，他开设了自己的贺希哈证券公司。到了 1928 年，贺希哈做了股票投资客的经纪人，每个月可赚到 25 万美元的利润。

但是，比他这种赚钱的本事更值得称道的，就是他能够悬崖勒马，遇到不对劲的情况，能悄悄回顾从前的教训。在 1929 年灿烂的春天，正当他想付 50 万美元在纽约的证券交易所买股票，不知道什么原因，把他从悬崖边缘拉回来。贺希哈回忆这件事情时说："当你知道医生和牙医都停止看病而去做股票投机生意的时候，一切都完了。我能看得出来。大户买进公共事业的股票，又把它们抬高。我害怕了，我在八月全部抛出。"他脱手以后，净得 40 万美元。

1936年是贺希哈最冒险、也是最赚钱的一年。安大略北方，早在人们淘金发财的那个年代，就成立了一家普莱史顿金矿开采公司。这家公司在一次大火灾中焚毁了全部设备，造成了资金短缺，股票跌到不值5美分。有一个叫陶格拉斯的地质学家，知道贺希哈是个思维敏捷的人，就把这件事告诉了他。贺希哈听了以后，拿出25000美元做试采计划。不到几个月，黄金掘到了，仅离原来的矿坑25英尺。

普莱史顿股票开始往上爬的时候，海湾街上的大户以为这种股票一定会跌下来，所以纷纷抛出。贺希哈却不断买进，等到他买进普莱史顿大部分股票的时候，这种股票的价格已超过了2美元。

这座金矿，每年毛利达250万美元。贺希哈在他的股票继续上升的时候，把普莱史顿的股票大量卖出，自己留了50万股，这50万股等于他一个钱都没花，白捡来的。

这位手摸到东西便会变成黄金的人，也有他的麻烦。1945年，贺希哈的菲律宾金矿赔了300万美元，这也使他尝到了另一个教训："你到别的国家去闯事业，一定要把一切情况弄清楚。"

20世纪40年代后期，他对铀产生了兴趣，结果证明了这比他从前的任何一项事业更吸引他。他研究加拿大寒武纪以前的岩石情况、铀裂变痕迹，也懂得测量放射作用的盖氏计算器。1949年至1954年，他在加拿大巴斯卡湖地区，买下了470平方英里蕴藏铀的土地，成为第一家私人资金开采铀矿的公司，不久，他聘请朱宾负责他的矿务技术顾问公司。

这是一个许多人探测过的地区。勘探矿藏的人和地质学家都到这块充满猎物的土地上开采过。大家都注意着盖氏计算器的结果，他们认为只有很少的铀。

朱宾对于这种理论都同意。但是，他注意到了一些看来是无关紧要的“细节”。有一天，他把一块旧的艾戈码矿苗加以试验，看看有没有铀元素。结果，发现稀少得几乎没有。这样，他知道自己已经找到了原因。原来就是，土地表面的雨水、雪和硫矿把盆地中放射出来的东西不是掩盖住就是冲洗殆尽了。而且，盖氏计算器也曾测量出，这块地底下确实藏有大量的铀。他向十几家矿业公司游说，劝他们做一次钻探。但是，大家都认为这是徒劳的。朱宾就去找贺希哈。

1953 年 3 月 6 日开始钻探。贺希哈投资了 3 万美元。结果，在 5 月间一个星期六的早晨，得到报告说，56 块矿样品里，有 50 块含有铀。

一个人怎样才会成功，这是很难分析的。但是，在贺希哈身上，我们可以分析出一点因素，那就是他自己定的一个简单公式：输得起才赢得起，输得起才是真英雄！

此生辽阔，不必就此束手就擒

衡量力量与勇气不能只看胜利和奖章，更重要的标准是我们克服的困难。真正的强者不一定是取得胜利的人，但一定是面对失败绝不放弃的人。

安德鲁·杰克逊的儿时伙伴们都无法理解他为什么会成为名将，最终还能当上美国总统。他们认识的人当中，许多人比杰克逊更有才能，却一事无成。杰克逊的一位朋友曾说：“吉姆·布朗和杰克逊住在一条街上，他不仅比杰克逊聪明，而且摔跤比赛四场能赢杰克逊三场。凭什么杰克逊混得这么好？”

别人问：“为什么会有第四场比赛？一般不是三局两胜吗？”

“的确，比赛应该是结束了，但是安德鲁不肯。他从来不肯承认自己输了，一定要赢回来才算完。最后吉姆·布朗没了力气，第四场安德鲁就赢了。”

当你被摔倒在地，你会不会爬起来再战，直到取得胜利？安德鲁拒绝接受失败，正是这不屈不挠的精神造就了他日后的辉煌。

1882 年，26 岁的考拉尔来到斯特林镇，在一所学校做老师。考拉尔酷爱读书，但他发现，偌大的斯特林镇居然没有一家像样的、专门的书店，书只有在百货商店才能偶尔零星地见到。考拉尔灵机一动，自己为什么不开一家书店呢？这样，既满足了自己读书的需求，赚了钱还可以补贴家用，何乐而不为？

考拉尔把自己的想法跟新婚妻子说了，妻子也非常赞成。于是没多久，考拉尔名为“思想者”的书店就在斯特林镇开张了。

可是，书店的生意并没有考拉尔想象得那么好。连续几个月，书店几乎没人进来。考拉尔安慰自己，毕竟书店刚开张，生意不好也是正常的，贵在坚持，几个月不行就坚持半年，半年不行就坚持一年，甚至两年，生意总有做起来的时候。即使亏了，反正自己还要买书看，就当是自己藏书了。

抱着这种想法，考拉尔坚持了下来。

可生意还是不景气，书店经常是入不敷出。好在考拉尔和妻子都有一份工作，他们把大部分收入补贴到了书店里。很多人劝他们关门大吉。但这时，考拉尔的思想发生了巨大的转变，从原来单纯的经营，转变为呼吁和彰扬文明而经营。他说："书店是一个城市文明的象征，是人们寻求知识的重要地方，不管书店生意如何，我都要永远开下去！"

考拉尔言出如山，一年又一年，他居然真的坚持了下来，即使在战争时期，在政局动荡时期，"思想者"依然坚持每天开门迎客。

1948 年，考拉尔在他的书店里去世，享年 92 岁。考拉尔的孙子继承了他的书店。考拉尔临终前留下遗言："无论如何，都要把'思想者'开下去。"考拉尔的孙子遵从了祖父的话。好在那时斯特林镇改镇为市，人口越来越多，城镇面积越来越大，书店的生意也还可以养家糊口。

"思想者"的辉煌出现在 2004 年。这一年斯特林市参加全球 50 个文明城市的竞选，在激烈的竞争中，斯特林市渐落下风。这时，有人向市长提到了"思想者"，市长眼睛顿时一亮。当他把"百年老书店"的旗号打出去后，斯特林市果然过关斩将，不但入选，而且名次进入前十。

一时间，考拉尔和他的“思想者”名扬四海。来自世界各地的书友、游客以及信函纷至沓来。这时的“思想者”，不但是家大型书店，而且成为一个著名的旅游景点，来这里的人都要买几本盖着“思想者”销售戳的书回去。“思想者”的年销售额已达几百万美元，为考拉尔家族带来了滚滚财富，这还不包括那些一百多年前的全新的库存书，那已经成为收藏家追捧的宝藏。

2006 年，考拉尔的曾曾孙接手了“思想者”，他对书店一百多年的经营做了详尽的调查统计。他发现，在考拉尔经营的 66 年间，赚钱的年份为 9 年，持平的年份为 17 年，其余的 40 年都在亏损。

考拉尔的曾曾孙动情地说：“面对这样的经营，不知道有几个人能够坚持。我无法想象我的曾祖是如何度过那段岁月的，就像他绝对没想到今天他的书店会发财。事实上，他只是在一个思想贫瘠的时代为文明而苦苦坚守！”

世上的事情都是如此，只要方向对了，不管其间的经历有多么艰难和不顺，你都要坚持下去。往往，再多一点努力和坚持便可以收获到意想不到的成功。所以无论何时，我们都应该信心百倍地去全力争取人生的幸福和成功，坚持到底，绝不轻易放弃。

心存希望，总会有奇迹

人生可以失去很多东西，却绝不能失去希望。只要心存希望，总有奇迹发生，希望虽然渺茫，但它永存人间。

美国作家欧·亨利在他的小说《最后一片叶子》里讲了个故事：病房里，一个生命垂危的病人从房间里看见窗外的一棵树，在秋风中树叶一片片地掉落下来。病人望着眼前的萧萧落叶，身体也随之每况愈下，一天不如一天。她说："当树叶全部掉光时，我也就要死了。"一位老画家得知后，用彩笔画了一片叶脉青翠的树叶挂在树枝上。最后一片叶子始终没掉下来。

只因为生命中的这片绿，病人竟奇迹般地活了下来。

人生可以失去很多东西，却绝不能失去希望。只要心存希望，总有奇迹发生，希望虽然渺茫，但它永存人间。

所以，当你遇到困境的时候，你一定要相信你自己，给自己希望，这样才能柳暗花明，走出困境。

有两个盲人靠说书弹弦谋生，老者是师父，幼者是徒弟。徒弟整天唉声叹气，也无法学好手艺。因为眼盲，他甚至常常失去生活的勇气。一天，师父病了，在临终前，他对徒弟说："我这里有一张复明的药方，我将它封进你的琴槽中，当你弹断 1000 根琴弦的时候，你才能取出药方。记住，你弹断每一根弦时必须是尽心尽力的。否则，再灵的药方也会失去效用。”徒弟牢记师父的遗嘱，他一直为实现复明的梦想而弹弦不止。

50 年过去了，徒弟已皓发银须，一声脆响，徒弟终于弹断了第 1000 根琴弦，他直向城中的药铺赶去。当他满怀期望地等着取回草药时，掌柜的告诉他，那是一张白纸。他明白了师父的用意，他学到了手艺，这就是药方，有了手艺他就有了生存的勇气。他努力地说书弹弦，成了名艺人，受人尊敬。直到 95 岁高龄时，他才抱着三弦含笑告别人世。

前途比现实重要，希望比现在重要。任何时候，都不应该放弃希望，因为它是创造成功、创造未来的“点金石”。

人生不能没有希望，所以无论我们身陷怎样的逆境，我们都不应该绝望。失望时萌生希望，能驱散心中的浓雾，拥抱一片湛蓝的晴空。让我们带着希望生活，活出一个最好的自己。

只要把希望种在心里，即使一粒最普通的种子，也能长出奇迹！

培植出白色的金盏花非常困难，让专家都望而却步，而一位不懂遗传学的老人却取得了成功。这是为什么呢？且往下看完这个故事。

当年，美国一家报纸曾刊登了一则园艺所重金悬赏征求纯白金盏花的启事，一时引起轰动。高额的奖金让许多人趋之若鹜。但是，在千姿百态的自然界中，金盏花除了金色的就是棕色的，要培植出白色的，不是一件容易的事。所以许多人一阵热血沸腾之后，就把那则启事抛到了九霄云外。

时间一晃就是 20 年。20 年后很平常的一天，当年那家曾刊登启事的园艺所意外地收到了一封热情的应征信和 100 粒“纯白金盏花”的种子。当天，这件事就不胫而走，引起轩然大波。原来寄种子的是一位年已古稀的老人。对信中言之凿凿能开出纯白金盏花的种子，园艺所一直举棋不定，该不该验证一时成了争论的焦点。有人说，绝不应该辜负了一位老人的心意。那些种子终于得以落土生根。奇迹是在一年之后才出现的，一大片纯白色的金盏花在微风中摇曳生韵。

一直默默无闻的老人因此成了新的焦点。原来，老人是一个地地道道的爱花人。20 年前，她偶然看到那则启事，怦然心动。她的决定却遭到她 8 个儿女的一致反对。毕竟，一个压根儿就不懂种子遗传学的人是很难完成专家都不能完成的事，她的想法岂不是痴人说梦！但她痴心不改，义无反顾地干了下去。她撒下了一些最普通的种子，精心侍弄。一年之后，金盏花开了。她从那些金色的、棕色的花中挑选了一朵颜色最淡的，任其自然枯萎，以取得最好的种子。次年，她又把它们种下去。然后，再从许多花中挑选出颜色更淡的花的种子栽种……日复一日，年复一年，春种秋收，周而复始，老人的丈夫去世了，儿女远走了，生活中发生了很多的事，但唯有种出白色金盏花的愿望在她的心中牢牢地扎下了根。终于，在 20 年后的一天，她在园中看到一朵金盏花，是如银如雪的白。一个连专家都解决不了的问题，在一个不懂遗传学的老人手中迎刃而解，这不是奇迹吗？

漫漫人生，难免会遇到荆棘和坎坷，但风雨过后，一定会有美丽的彩虹。所以，任何时候你都要保持乐观的心态，都不要丧失希望。要知道，失败不是生活的全部，挫折只是人生的插曲。虽然机遇总是飘忽不定，但只要你坚持，保持乐观，你就能永远拥有希望。即使一生不如意，但有希望相伴也是幸福。

屡战屡败的死敌是屡败屡战

当塞洛斯·W. 菲尔德从商界引退的时候，他已经积累了大量的财富。而这时他却对在大西洋中铺设海底电缆这一构想产生了极大的兴趣，这样一来欧洲和美洲就能建立电报联系。菲尔德倾其所有来完成这一事业。前期的准备工作包括建造一条从美国纽约到加拿大纽芬兰圣约翰的电话线路，全长一 1600 多千米。这其中有 600 多千米需要穿过一片原始森林，为此他们不得不在铺设电话线的同时修建一条穿越纽芬兰的道路。这条线路中还有 220 多千米要通过法国的布列塔尼，建设者们在那儿也投入了大量的人力。与此相同的还有铺设通过圣劳伦斯的电缆。

通过艰苦的努力，菲尔德得到了英国政府对他的公司的援助。但是在国会，他曾经遭到了一个很有影响力的团体的强烈反对。在参议院表决时，菲尔德的方案仅以一票的优势获得通过。英国海军派出了驻塞瓦斯托波尔舰队的旗舰“阿伽门农”号来铺设电缆，而美国则由新建的护卫舰“尼亚加拉”号来承担这一工作。但是由于一次意外，已铺设了 8 千米长的电缆卡在了机器里，被折断了。在第二次实验中，船只驶出 320 千米时，电流突然消失了，人们在甲板上焦急沮丧地来回走动，似乎死期就要来临。正当菲尔德先生要下令切断电缆的时候，电流就像它消失时那样，突然又神奇地恢复了。接下来的一个晚上，电缆以每小时 9 千米的速度延伸，但由于停船过于突然，船只猛烈地倾斜了一下，电缆又被卡断了。

菲尔德不是一个轻言放弃的人。他重新购买了 1126 千米长的电缆，委托一位精通此行的专家设计一套更好的铺设电缆的机器设备。美国和英国的发明家齐心协力地工作，最后决定从大西洋中央开始铺设两段电缆。于是两艘船开始分头工作，一艘驶往爱尔兰，另一艘驶往纽芬兰，每艘船都各自承担一头的铺设工作。大家希望这样能够把两个大陆连接起来。就在两艘船相距 5 千米时，电缆断了。人们重新连上了电缆，但是当两艘船相距 130 千米时，电流又消失了。电缆再次连上了，大约又铺设了 320 千米之后，在距“阿伽门农”号 6 千米处，不幸电缆又断了，“阿伽门农”号随即返回了爱尔兰海岸。

项目负责人都感到非常沮丧，公众开始怀疑，投资商开始退却。如果不是菲尔德先生不屈不挠、夜以继日、废寝忘食地工作，说服众人，整个工程项目早就被放弃了。终于卅始了第三次尝试，这一次成功了，整条电缆线顺利地铺设完成。几个信号在大西洋上传送了将近 1126 千米之后，突然电流中断了。

大家都失去了信心，只有菲尔德先生和他的一两个朋友仍然对此抱有希望。他们继续坚持工作，并且说服了人们继续投资进行试验。一条崭新的更为高级的电缆由“大东部”号负责铺设。“大东部”号慢慢地驶向大西洋，一边前进一边铺设。一切都进行得很顺利，直到距离纽芬兰 970 千米处，电缆突然折断沉入海底。几次捞起电缆的尝试都失败了，这一项目也因此停顿了将近一年。但是菲尔德先生并没有被这些困难吓倒，他继续为自己的目标努力。他组建了新公司，并制造了一条当时最为先进的电缆。1866 年 7 月 13 日，试验开始了，这一次他们成功地向纽约传送了信息，全文如下：

无比满足，7 月 27 日。

我们于早上 9 点到达，一切顺利。感谢上帝！电缆铺设成功，运行良好。

塞洛斯 · W. 菲尔德

那条旧的电缆也找到了，重新连接起来，通往纽芬兰。这两条线路现在仍在使用，而且将来也会有用。

坚持，赢得成功

生活中我们缺少的就是这种坚持，当希望的事情没有实现之后，就放弃了，伤心，失落，甚至抱怨，觉得命运不公平。可是，只有懂得坚持的人，才能赢得事业上的成功。

我们当中的很多人，不仅自己不去为看似不可能实现的事情努力，反而去嘲笑那些为了梦想而努力的人们，觉得他们愚蠢。或许有一天，当你再次见到那个曾经被你嘲笑过的人时，会突然间发现他已经成为一个非常成功的人。就像《士兵突击》中的许三多，他是一个别人眼中的“三呆子”，他很重视每一次机会，即使在别人眼中他永远是一个笨手笨脚的人，一个在起初连正步都走不好的人，他认为自己不是马而是骡子，所以他加倍努力，做什么就和抓住了救命的稻草一样珍惜，最终他超越了当初嘲笑他的许多人。

生活中有无数的挑战，也有无数次与你擦肩而过的机会，有些人视而不见，而另外一些人却牢牢地抓住了它。有时候一次机会就会造就一个人的命运。很多人空有一身本领，却不懂得如何抓住机会，所以一生“怀才不遇”，而一些人虽然不是“学富五车”，但却总走得比别人远，也并非投机取巧，而是他善于抓住不远处的机会，每一次都不错过。所以，我们常常会看到这样的现象，一些人并不是很出色但却能走到高处，做出成绩，而那些“才高八斗”的人却总是失意，就是因为不懂得利用机会。

不过，机会或时机又是难以察觉和捕捉的，它不会自己跑来敲你的门，也不会大喊大叫把你惊醒。它像不经意间掠过你面前的一阵风，又像一条水中的游鱼，似乎抓住了却又从你手中溜走。机会的确是成功的催化剂，成功人士凭借机会可以更快地达到目标。有一句格言说得好：“幸运之神会光顾世界上的每一个人，但如果她发现这个人并没有准备好要迎接她时，她就会从大门里走进来，然后从窗子里飞出去。”台塑董事长王永庆就算得上是一个善于抓住机遇的人。

1980年，美国经济陷入低潮，石化工业普遍不景气，关闭、停产的化工厂比比皆是。

经济萧条期间，许多企业家抱着观望的态度，不敢贸然行动，那些濒临倒闭的石化厂虽然亏本出售，却仍无人问津。但是王永庆却发动攻势，以出人意料的低价，买下得克萨斯州休斯敦的一个石化厂。得克萨斯州是美国石油蕴藏量最丰富的一个州，而且油质非常好。王永庆在那儿筹建全世界规模最大的PVC塑胶工厂，年产量48万吨。

王永庆在第二年又以迅雷不及掩耳的速度在美国的路易斯安那州和特拉华州各买下了一个石化厂。1982年，王永庆更以1950万美元买下了美国JM塑胶管公司的8个PVC下游厂。王永庆的这些大胆举动令同行大为不解，他们用疑惑的目光注视着他，议论纷纷。

可王永庆认为：在经济不景气的时候进行投资，收购或建厂的成本比较低，可增加产品的竞争能力；而且，经济大都遵循一定的周期规律，有落必有涨，兴建一座现代化工厂约需要一年半到两年时间，在经济不景气时建厂，等到建设结束时，市场又在复苏之中，正好赶上销售良机。

不过经济复苏却花了很长的一段时间，加上收购的工厂出现了一系列的问题，例如：石化厂机器老化、设备残旧等，让他一年时间亏损了 800 万美元。不过，这时的王永庆并没有灰心，他通过改制，让工厂的面貌有了彻底改观，生产很快走上了正轨。

经过台塑人的辛勤奋斗，到 1983 年年底，王永庆在美国的 PVC 厂每年的产量共计达 39 万吨，加上台塑原有的 55 万吨生产能力，合计年产量达到 94 万吨，台塑企业成了世界上产量最大的 PVC 制造商。

机会对于我们每一个人来说都是来之不易的，哪怕它是多么的微小，都值得一试。只有尝试才会有希望，放弃机会就等于放弃了成功的可能。

将来的你，一定会感谢现在努力的自己

我们之所以没有成功，很多时候是因为在通往成功的路上，我们没能耐得住寂寞，没有专注于脚下的路。

张艺谋的成功在很大程度上来源于他对电影艺术的诚挚

热爱和忘我投入。正如传记作家王斌所说的那样："超常的智慧和敏捷固然是张艺谋成功的主要因素，但惊人的勤奋和刻苦也是他成功的重要条件。"

拍《红高粱》的时候，为了表现剧情的氛围，他亲自带人去种出一块100多亩的高粱地；为了"颠轿"一场戏中轿夫们颠着轿子踏得山道尘土飞扬的镜头，张艺谋硬是让大卡车拉来十几车黄土，用筛子筛细了，撒在路上；在拍《菊豆》中杨金山溺死在大染池一场戏时，为了给摄影机找一个最好的角度，更是为了照顾老演员的身体，张艺谋自告奋勇地跳进染池充当"替身"，一次不行再来一次，直到摄影师满意为止。

在通往成功的道路上，如果你能耐得住寂寞，专注于脚下的路，目的地就在你的前方。只要努力，你一定会走到终点。如果你专注于困难，始终想不到目的地就在离你不远的前方，你永远都走不到终点！

可能在人生旅途中我们会有理想也会有很多目标，但我们从来都不知道会遇到什么困难，所以你努力地朝着终点前进，你在过程中变得更自信更坚强，最终也走到了目的地。但如果你已经预测到了，我们的旅途是何等的艰辛，它困难重重，我们千方百计地去设想、规划每个可能碰到的困难，结果我们在攻克中迷失了方向，在想的过程中目的地已经离我们太远了。

第7章

所有的成长，都是因为选对了方向

心中有了方向，才不会一路跌跌撞撞

一个连自己的人生观都还没有确定、学问道德修养都还不够的人，是没有资格直接去指点别人行为的得失。一个人没有自己的人生观，没有人生的方向，只是一味地跟着环境在转，那是人生最悲哀的事。人生有自我存在的价值，选择一个目标，也等于明确了人生的方向，这样才不至于迷失。

比塞尔是西撒哈拉沙漠中的一颗明珠，每年有数以万计的旅游者来到这里。可是在肯·莱文发现它之前，这里还是一个封闭而落后的地方。这里的人没有一个走出过大漠，据说不是他们不愿离开这块贫瘠的土地，而是尝试过很多次都没有走出去。

肯·莱文当然不相信这种说法。他用手语向这里的人问原因，结果每个人的回答都一样：从这儿无论向哪个方向走，最后还是转回到出发的地方。为了证实这种说法，他做了一次试验，从比塞尔村向北走，结果三天半就走了出来。

比塞尔人为什么走不出来呢？肯·莱文非常纳闷，最后他只得雇一个比塞尔人，让他带路，看看到底是怎么回事。他们带了半个月的水，牵了两峰骆驼，肯·莱文收起指南针等现代设备，只拄一根木棍跟在后面。

10 天过去了，他们走了大约 1000 千米的路程，第 11 天早晨，果然又回到了比塞尔。

这一次肯·莱文终于明白了，比塞尔人之所以走不出大漠，是因为他们根本就不认识北极星。在一望无际的沙漠里，一个人如果凭着感觉往前走，他会走出许多大小不一的圆圈，最后的足迹十有八九是一把卷尺的形状。比塞尔村处在浩瀚的沙漠中间，方圆上千公里没有一点参照物，若不认识北极星又没有指南针，想走出沙漠，确实是不可能的。

肯·莱文在离开比塞尔时，带了一位叫阿古特尔的青年，就是上次和他合作的人。他告诉这位汉子，只要你白天休息，夜晚朝着北面那颗星走，就能走出沙漠。阿古特尔照着去做了，三天之后果然来到了大漠的边缘。阿古特尔因此成为比塞尔的开拓者，他的铜像被竖在小城的中央。铜像的底座上刻着一行字：新生活是从选定方向开始的。

一个辉煌的人生在很大程度上取决于人生的方向，个人的幸福生活也离不开方向的指引。确立人生的方向是人一生中最值得认真去做的事情。你不仅需要自我反省，向人请教“我是什么样的人”，还需要很清楚地知道“我究竟需要什么”，包括想成就什么样的事业、结交什么样的朋友、培养和保留什么样的兴趣爱好、过一种什么样的生活。这些选择是相对独立的，但却是在一个系统内的，彼此是呼应的，从而共同形成人生的方向。

闻名于世的摩西奶奶是美国弗吉尼亚州的一位农妇，76 岁时因关节炎放弃农活，这时她又给了自己一个新的人生方向，开始了她梦寐以求的绘画。80 岁时，到纽约举办个人画展，引起了意外的轰动。她活了 101 岁，一生留下绘画作品 600 余幅，在生命的最后一年还画了 40 多幅。

不仅如此，摩西奶奶的行动也影响到了日本大作家渡边淳一。渡边淳一从小就喜欢文学，可是大学毕业后，他一直在一家医院里工作，这让他感到很别扭。马上就 30 岁了，他不知该不该放弃那份令人讨厌却收入稳定的工作，以便从事自己喜欢的写作。于是他给闻名已久的摩西奶奶写了一封信，希望得到她的指点。摩西奶奶很感兴趣，当即给他寄了一张明信片，她在上面写下这么一句话："做你喜欢做的事，上帝会高兴地帮你打开成功之门，哪怕你现在已经 80 岁了。"

人生是一段旅程，方向很重要，每个人都可以掌握自己人生的方向。找到人生方向的人是最快乐的人，他们在每天的生活中体验这些，追求一种能令他们愉悦和满意的生活，他们的生活是与他们所向往的人生方向相一致的，对人生方向的追求使他们的生命更加有意义。

人生的方向也是人生的哲学。在追求自己人生方向的过程中，应不断地做出总结，这并不是说你正处于一个人生的危急关头，不得不在你未来的目标和你的职业道路之间做出一个选择，而是从一开始就给自己选定人生的方向，这才是最关键的人生问题。

目标有价值，人生才有价值

关于人生，关于价值，著名哲学家黑格尔有一个著名的论断，他说："目标有价值，人生才有价值。"可见目标对于人生的重要性，只有了解了自己为何有此一生，确立了自己所要完成的目标，人生才会更有意义。因此，我们要树立自己的目标，而且要树立有价值的目标。

有一次，在高尔夫球场，罗曼·V. 皮尔在草地边缘把球打进了杂草区。有一个青年刚好在那里清扫落叶，就和他一块儿找球。这时，那青年很犹豫地说："皮尔先生，我想找个时间向你请教。"

"什么时候呢？"皮尔问道。

"哦！什么时候都可以。"他似乎颇为意外。

"像你这样说，你是永远没有机会的。这样吧，30 分钟后在第 18 洞见面谈吧！"皮尔说道。30 分钟后他们在树荫下坐下，皮尔先问他的名字，然后说："现在告诉我，你有什么事要同我商量？"

"我也说不上来，只是想做一些事情。"

"能够具体地说出你想做的事情吗？"皮尔问。

"我自己也不太清楚。我很想做和现在不同的事，但是不知道做什么才好。"他显得很困惑。

“那么，你准备什么时候实现那个还不能确定的目标呢？”皮尔又问。

青年对这个问题似乎既困惑又激动，他说：“我不知道。我的意思是有一天。有一天想做某件事情。”于是皮尔问他喜欢什么事。他想了一会儿，说想不出有什么特别喜欢的事。

“原来如此，你想做某些事，但不知道做什么好，也不确定要在什么时候去做，更不知道自己最擅长或喜欢的事是什么。”

听皮尔这样说，青年有些不情愿地点头说：“我真是个没有用的人。”

“哪里。你只不过是没有把自己的想法加以整理，或缺乏整体构想而已。你人很聪明，性格又好，又有上进心。有上进心才会促使你想做些什么。我很喜欢你，也信任你。”

皮尔建议他花两星期的时间考虑自己的将来，并明确决定自己的目标，不妨用最简单的文字将它写下来。然后估计何时能顺利实现，得出结论后就写在卡片上，再来找自己。

两个星期以后，那个青年显得有些迫不及待，至少精神上看来像完全变了一个人似的在皮尔面前出现。这次他带来明确而完整的构想，已经掌握了自己的目标，那就是要成为他现在工作的高尔夫球场经理。现任经理 5 年后退休，所以他把达到目标的日期定在 5 年后。

他在这 5 年的时间里确实学会了担任经理必备的学识和领导能力。经理的职务一旦空缺，没有一个人是他的竞争对手。

又过了几年，他的地位依然十分重要，成为公司不可缺少的人物。他根据自己任职的高尔夫球场的人事变动决定未来的目标。现在他过得十分幸福，非常满意自己的人生。

塞涅卡有句名言说："如果一个人活着不知道他要驶向哪个码头，那么任何风都不会是顺风。有人活着没有任何目标，他们在世间行走，就像河中的一棵小草，他们不是行走，而是随波逐流。"

没有目标的人生就像没有方向的航船，只能在海上漫无目的地漂泊。为了掌握自己的人生，先要明确你的目标，找到努力的方向，再立即采取行动，不断努力提高自己的能力，促进自己的成长，就能获得满意的人生。

明白自己想要什么，然后一往无前

人之一生，背负的东西太多太多，钱、权、名、利，都是我们想要的，一个也不想放下，压得我们喘不过气来。人生中有时我们拥有的太多太乱，我们的心思太复杂，我们的负荷太沉重，我们的烦恼太无绪，诱惑我们的事物太多，大大地妨碍我们，无形而深刻地伤害我们。生命如舟，载不动太多的欲望，怎样使之在抵达彼岸时不在中途搁浅或沉没？我们是否该选择放下，丢掉一些不必要的包袱，那样我们的旅程也许会多一些从容与安康。

明白自己真正想要的东西是什么，并为之而奋斗，如此才不枉费这仅有一次的人生。英国哲学家伯兰特·罗素说过，动物只要吃得饱，不生病，便会觉得快乐了。人也该如此，但大多数人并不是这样。很多人忙碌于追逐事业上的成功而无暇顾及自己的生活。他们在永不停息的奔忙中忘记了生活的真正目的，忘记了什么是自己真正想要的。这样的人只会看到生活的烦琐与牵绊，而看不到生活的简单和快乐。

我们的人生要有所获得，就不能让诱惑自己的东西太多，不能让努力的方向过于分叉。我们要简化自己的人生，要学会有所放弃，要学习经常否定自己，把自己生活中和内心里的一些东西断然放弃掉。

仔细想想你的生活中有哪些诱惑因素，是什么一直干扰着你，让你的心灵不能安宁，又是什么让你坚持得太累，是什么在阻止着你的快乐。把这些让你不快乐的包袱通通扔弃。只有放弃我们人生田地和花园里的这些杂草害虫，我们才有机会同真正有益于自己的人和事亲近，才会获得适合自己的东西。我们才能在人生的土地上播下良种，致力于有价值的耕种，最终收获丰硕的粮食，在人生的花园采摘到鲜丽的花朵。

所以，仔细想想你在生活中真正想要什么？认真检查一下自己肩上的背负，看看有多少是我们实际上并不需要的，这个问题看起来很简单，但是意义深刻，它对成功目标的制定至关重要。

要得到生活中想要的一切，当然要靠努力和行动。但是，在开始行动之前，一定要搞清楚，什么才是自己真正想要的。

要打发时间并不难，随便找点儿什么活动就可以应付，但是，如果这些活动的意义不是你设计的本意，那你的生活就失去了真正的意义。你能否提高自己的生活品质，并且使自己满足、有所成就，完全看你自己真正需要什么，然后能不能尽量满足这些需要。

生活中最困难的一个过程就是要搞清楚我们自己究竟想要什么。大多数人都不知道自己真正想要什么，因为我们不曾花时间来思考这个问题。面对五光十色的世界和各种各样的选择我们更不知所措，所以我们会不假思索地接受别人的期望来定义个人的需要和成功，社会标准变得比我们自己特有的需求还要重要。

我们总是太在意别人的看法，以致我们下意识地接受了别人强加于我们的种种动机，结果，努力过后才发现自己的需求一样都没能满足。更复杂的是，不仅别人的意见影响着我们的欲望，我们自己的欲望本身也是变幻莫测的。它们因为潜在的需要而形成，又因为不可知的力量日新月异。我们经常得到过去十分想要的，而现在却不再需要的东西。

如果有什么原因使我们总是得不到自己想要得到的东西的话，这个原因就是你并不清楚自己到底想要什么。在你决定自己想要什么、需要什么之前，不要轻易下结论，一定要先做一番心灵探索，真正地了解自己，把握自己的目标。只有这样，你才能在生活中满意地前进。

确立志向，坚持志向

我们常说的“燕雀安知鸿鹄之志”的典故出于《史记·陈涉世家》。

陈胜是阳城人（今郑州登封）。他年轻时是个雇工，给人耕田种地，长年累月像牛马一样受苦受罪，心里很是不平。有一天，在耕地中途他忽然停下手来，走到田垄上，握拳作势，怅然愤恨了许久，然后对伙伴们说：“要是将来谁富贵了，彼此都不要忘掉。”伙伴们笑着回他说：“你是个雇佣耕田工，哪里会有什么富贵呢？”陈胜叹息道：“唉，燕雀安知鸿鹄之志哉（燕子、麻雀这些小鸟哪里能理解大雁和天鹅的志向啊）？”这个故事表明了秦末农民起义领袖陈胜年少时就有像大鸟鹏程万里飞行的远大志向。

所以说，确立远大的志向对于我们的人生具有重要的意义。志向作为一种价值目标，它能够激发人们的意志和激情，产生一种强大的精神动力，激励人们以积极、主动、顽强的精神投身于生活，对人生抱有积极向上的进取精神和乐观态度。

在我国历史上，那些人民英雄、民族英雄都是具有远大志向的人。

夏禹为了治水，九年在外，三过家门而不入。

秦国李冰父子为了解决成都盆地的洪涝灾害，带领百姓治水，克服了无数困难，建成了闻名于世的都江堰。

汉代的霍去病，为了国家的安宁，长期驻守在边关，坚持抵御匈奴的侵略，在戎马中度过了自己的一生。当击退了匈奴的入侵，汉武帝准备给他大盖府第以酬报他的功绩时，他却说："匈奴未灭，何以家为？"

南宋末年的文天祥曾说："人生自古谁无死，留取丹心照汗青。"

北宋的名将岳飞，离别妻母，转战疆场，为了挽救国家的危亡，最后和自己的儿子岳云一起被奸佞害死在风波亭上。

清代民族英雄林则徐，坚持抵御英殖民主义的侵略，直至被充军到新疆后，仍不灰心，一直没有忘记外国列强对我国的侵略，并在边疆和当地百姓一起修水利，栽葡萄，为人民造福。

志向，是人生前进的目标和导航的灯塔，是鼓舞人们去努力拼搏的动力。南宋哲学家朱熹说："立志不坚，终不济事。"他在批评当时庸俗的社会风尚时，说道："今人贪利禄，而不贪道义，要作贵人，不作好人，皆是志不立之病。"北宋文学家苏轼指出："天下未有其志而无其事者，亦未有无其志而有其事者。事因志立，立志则事成。""古之立大事者，不惟有超世之才，亦必有坚忍不拔之志。"

幸福来源于为成功而奋斗，而成功的首要前提是立志，立下远大而实际的志向。所以说，立志和人生的幸福是紧密联系的。每个人毕生都会思考这样一个问题：人生的价值是什么？如何生活才是幸福？其实，一个人只要树立了远大的志向，他就会把远大志向的实现，视为人生的价值和幸福。

卡耐基认为，远大志向是对幸福的憧憬、向往和追求，幸福是远大志向的实现。志向的实现是令人神往的，是幸福的，而对志向的追求则能唤起人们的极大热忱，获得精神上的充实感，这本身也是一种幸福。所以，无数仁人志士为了追求和实现远大的奋斗目标，甘愿承担艰难困苦，他们从来都不会放弃，从来都不会绝望，他们以苦为乐，对生活始终抱着极大的希望。而那些没有远大志向的人，终日浑浑噩噩地生活，白白地浪费自己的一生。在他们的生活中也许没有多大的痛苦，但他们也不会有真正的幸福。

立志就先学会收放心。一个人清心寡欲，矢志不渝，这是人心向上的最好状态。然而在当今时代，人心容易浮躁，容易受声色犬马的诱惑，东追西逐，不知所至。

立志，当然不能立歪志。中国古代讲修齐治平就表现出传统文化对于志的基本要求，就是要利国、利民、利天下。我们立定志向要有所为，而有所不为。面对茫茫人海，我们不能人云亦云，不盲从，敢于相信真理，相信自己的志向。虽千万人，吾往矣，这才是真正的鸿鹄之志！

那些倒在失败与挫折中的人，不是没有志向，只是他们没有坚持志向；那些在潦倒中绝望的人，不是因为他们的志向太小，要知道他们也曾立下鸿鹄之志，但如果没有坚持下去，无论再大的志向也只是一场幻想；而那些志向坚定的人，无论他们的志向是小是大，那也是真正的“鸿鹄之志”！

错误，是成长的一部分

智者犯了错误，不会一味自责、内疚或寻找借口推卸责任，而是采取适当的方式正确地对待。

生活中，我们每个人都会犯错。犯了错只表示我们是人，不代表就该承受如下地狱般的折磨。我们唯一能做的就是正视这种错误的存在，由错误中学习，以确保未来不再发生同样的憾事。人的一生中犯的错误有许多，要是对每一件事都深深地自责，一辈子都背着一大袋的罪恶感过活，你还能奢望自己走远吗？

“随它去吧！”智者说，“它不会持久的，没有一个错误会持久的！”

太阳光芒万丈但还有黑子。人非圣贤，孰能无过？做错了就应该正视自己的错误，勇敢承担责任，及时勉励，确保以后不再重犯。而不应是推卸责任，想方设法为自己辩护或自责不已，无地自容，恨不得找个地缝钻进去……

犯一次错没什么大不了，原谅自己，相信自己下不为例，所谓聪明人不重复同样的错误，就是这个道理。若把时间、精力都放在自怨自艾、自暴自弃上，那你不但以后还会犯类似的错误，而且会对自己更没信心，把自己的生活搞得更加糟糕。

由于我们试图抓住一些无法挽回的不幸的事情，以及一些给我们带来痛苦、造成担忧和焦虑的事情，我们经历了不少折磨和痛苦！它们对我们是非常不利的，我们应该忘记它们，把它们打入历史的坟墓。不要因为悔恨过去而错过了未来更好的机会。

懂得爱自己、宽容自己，才是生活的智者。

把生活过成自己想要的样子

一座深山里有两块石头，第一块石头对第二块石头说："与其在这里养尊处优，默默无闻，还不如到外面世界去经历一番艰险和坎坷，经历一些磕磕碰碰，能够见识一下旅途的风光，也就知足了。"

"不，何苦呢？"第二块石头说，"安坐高处，一览众山小，周围花团锦簇，谁会那么愚蠢地在享乐和磨难之间选择后者。再说那路途的艰险磨难会让我粉身碎骨的！"

于是，第一块石头随山溪滚涌而下，虽然受尽了雨雪风霜和大自然的非难，但它依然执着地在自己的路途上奔波。第二块石头见它如此辛劳和困苦，讥讽地笑了，它独自在高山上享受着安逸和幸福。许多年后，饱经风霜、历尽沧桑、千锤百炼的第一块石头和它的家族被有心人发现了，并收藏在博物馆中。它们成了世间的珍品、石艺的奇葩，被千万人赞美称颂，享尽了人间的富贵荣华。第二块石头知道后，有些后悔当初，现在它想去投入到世间风尘的洗礼中，然后得到像第一块石头拥有的成功和高贵，可是一想到要经历那么多的坎坷和磨难，甚至疮痍满目、伤痕累累，还有粉身碎骨的危险，便又退缩了。

一天，人们为了更好地珍存那石艺的奇葩，准备为第一块石头重新修建一座博物馆，建造材料全部用石头。于是，他们来到高山上，把第二块石头凿方推平，给第一块石头盖起了房子。

朋友，读了这个故事，你希望自己做哪一种石头？

追求完美，是人类自身在渐渐成长过程中的一种心理特点或者说是一种天性。人类正是在这种追求中不断完善着自己，使得自身脱去了以树叶遮羞的衣服，变得越来越漂亮，成为这个世界万物之精灵。如果人只满足于现状，而失去了对完美的追求，那么人大概现在还只能在森林中爬行。

泰戈尔曾说：“天地万物都在追求自身的独一无二的完美。”我们虽然做不到完美，但我们可以追求完美，至少我们在向完美靠近。

打破思维的桎梏，放梦想一条生路

有时候，限制我们走向成功的，不是别人拴在我们身上的锁链，而是我们自己为自己设置的局限。高度并非无法超越，只是我们无法超越自己思想的限制，更没有人束缚我们，只是我们自己束缚了自己。

1968 年，在墨西哥奥运会的百米赛场上，美国选手海恩斯撞线后，激动地看着运动场上的计时牌。当指示器打出 9.9 秒的字样时，他摊开双手，自言自语地说了一句话。

后来，有一位叫戴维的记者在回放当年的赛场实况时再次看到海恩斯撞线的镜头，这是人类历史上第一次在百米赛道上突破 10 秒大关。看到自己破纪录的那一瞬，海恩斯一定说了一句不同凡响的话，但这一最佳新闻点，竟被现场的 400 多名记者疏忽了。

因此，戴维决定采访海恩斯，问问他当时到底说了一句什么话。

戴维很快找到海恩斯，问起当年的情景，海恩斯竟然毫无印象，甚至否认当时说过什么话。

戴维说："你确实说了，有录像带为证。"

海恩斯看完戴维带去的录像带，笑了。他说："上帝啊，那扇门原来是虚掩的。"

谜底揭开后，戴维对海恩斯进行了深入采访。

自从欧文斯创造了 10.3 秒的成绩后，曾有一位医学家断言，人类的肌肉纤维所承载的运动极限，不会在每秒 10 米之内。

海恩斯说："30 年来，这一说法在田径场上非常流行，我也以为这是真理。但是，我想，自己至少应该跑出 10.1 秒的成绩。每天，我以最快的速度跑 5 公里，我知道百米冠军不是在百米赛道上练出来的。当我在墨西哥奥运会上看到自己 9.9 秒的纪录后，惊呆了。原来，10 秒这个门不是紧锁的，而是虚掩的，就像终点那根横着的绳子一样。"

后来，戴维撰写了一篇报道，填补了墨西哥奥运会留下的一个空白。不过，人们认为它的意义不限于此，海恩斯的那句话，为我们留下的启迪更为重要。命运的门总是虚掩的，它会给我们留下一道开启的缝隙，可是我们情愿相信那是一堵不可穿越的墙。于是，我们独特的创意被自己抹杀，认为自己无法成功致富；告诉自己，难以成为配偶心目中理想的另一半，就无法成为孩子心目中理想的父母。然后，开始向环境低头，甚至开始认命、怨天尤人。

这一切都是我们心中那条系住自我的铁链在作祟罢了。或许，你必须耐心静候生命中来一场大火，逼得你非得选择挣断链条或甘心遭大火席卷不可。或许，你将幸运地选对了前者，在挣脱困境之后，语重心长地告诫后人，人必须经苦难磨炼方能得以成长。

其实，面对人生，你还有一种不同的选择。你可以当机立断，运用我们内在的能力，当下立即挣开消极习惯的捆绑，改变自己所处的环境，投入另一个崭新的积极领域中，使自己的潜能得以发挥。

你愿意静待生命中的大火，甚至甘心遭它席卷，低头认命？抑或立即在心境上挣开环境的束缚，获得追求成功的自由？

这项慎重的选择，当然得由你自行决定。

第8章

人生没有彩排，现在就是你的未来

你对生活认真起来，生活一定不会亏欠你

要想得到一些东西，你就必须得付出一些东西，付出多少，你就能得到多少。俗话说，一分耕耘，一分收获。当然，你不必刻意地追求回报，它总是会自己悄悄到来的。

有个人在沙漠里穿行，已经连续几天没喝水了。他饥渴难耐，马上就要支撑不住了，突然发现在前面一株巨大的仙人掌下面有一个压水井。

他欣喜若狂，马上走了过去。只看见压水井上面放着一瓶水，他嗓子都要冒烟了，不管三七二十一拿起瓶子准备喝水，突然发现水井上有块醒目的警告牌子，他忍住干渴，只见牌子上写着这样一些字：

“这里距离沙漠的尽头，最近的距离是 100 英里。

“如果你现在将这瓶水喝完，虽然能暂时解除你的干渴，但是你绝对不可能走出沙漠。

“如果你将瓶子里的水倒入压水泵，引出井里的水，那么你就能畅饮清凉洁净的井水，使你能平安走出这片沙漠。最后，享用完了别忘了为别人装满一瓶水。”

这个人心想，幸好我看了警告，不然后果……然后他将瓶子中的水倒入水泵中，喝足了清凉的井水，安全走出了这片沙漠。

在取得之前，要先学会付出。只有懂得付出，才能引出生命之水，助你安然走过人生的沙漠。种瓜得瓜，种豆得豆。春种一粒粟，秋收万颗子。没有付出，却想不劳而获，就同妄想天上掉馅饼是一样的道理。

一位从南方来的乞丐与一位从北方来的乞丐在路上相遇。南方乞丐惊愕地说道："你多么像我，我也多么像你，你的神情、服装、举止，甚至那个碗，都和我的简直一模一样。"

北方乞丐也兴奋地嚷着："我觉得在遥远的过去，似乎早就与你相识了。"这两位乞丐被彼此吸引，他们渐渐地爱上了对方。于是，他们不再去天涯海角流浪讨饭，彼此只想依偎在一起。

南方乞丐问："我们已经在一起了，你还拿着碗乞求什么？"

北方乞丐说："这还需要问吗？当然是乞求你的爱。我知道你是爱我的，除了我之外，还有谁跟我一样与你有这么多相同点呢？"

北方乞丐继续说道："亲爱的，将你碗里满满的爱，倒在我的空碗里吧，让我感受你无比的温暖。"

南方乞丐回答说："我端的也是空碗，难道你没瞧见吗？我也乞求你的爱倒入我的空碗，让我的空碗满满的都是你的爱。"

"我的碗是空的，又怎么给你呢？"北方乞丐一脸狐疑。

南方乞丐也说："我的碗难道是满的吗？"

两个乞丐互相乞讨，都期望对方能给自己一些什么，可是一直到最后，任何一方都没有得到对方的爱。

他们渐渐累了，各自叹息之后，走回自己原本的路，继续向其他人乞讨。

在期待别人的付出前，你要先学会付出。爱是相互的。建立在对对方予取予求基础上的爱，就像沙滩上的城堡，指望它能经得起海浪的洗礼是不明智的，因为事实告诉我们，只有靠双方真诚付出，才能使我们的城堡建立在坚实的岩石上，我们爱的城堡才可以在风雨中屹立不倒。

与其焦虑当下，不如拼个未来

忧虑如同摇椅，它似乎一直在忙碌，却哪儿也去不了。

在撒哈拉沙漠中，有一种土灰色的沙鼠。每当旱季到来之时，这种沙鼠都要囤积大量的草根，以准备度过这个艰难的日子。但奇怪的是，当沙地上的草根足以使它们度过旱季时，沙鼠仍要拼命地寻找草根，运回洞穴，似乎只有这样它们才能心安，才会踏实。否则便焦躁不安，嗷嗷叫个不停。

研究证明，这一现象是由沙鼠的遗传基因决定的，是沙鼠出于一种本能的担心。担心使沙鼠干了大于实际需求几倍甚至几十倍的事。沙鼠的劳动常常是多余的，毫无意义的。

曾有不少医学界的人士想用沙鼠来代替小白鼠做实验。因为沙鼠的个头很大，更能准确地反映出药物的特性。但所有的医生在实践中都觉得沙鼠并不好用。问题在于沙鼠一到笼子里就非常不适。尽管在笼子里的沙鼠的生活可以用“丰衣足食”来形容，但它们还是一个个地很快就死去了。医生发现，这些沙鼠是因为没有囤积到足够草根的缘故。确切地说，它们是因为极度焦虑而死亡的，这是来自一种自我心理的威胁。

你会为明天的盘子没洗发愁吗？事实上很多人都在做着这样的事情。在现实生活里，常让人们深感不安的往往并不是眼前的事情，而是那些还没有发生甚至永远也不会发生的事物。人们总是为了将来的所需和将来会如何而发愁，这种担心令人深深地感到不安。忧虑解决不了问题，只会增加你的压力，使你整天忧心忡忡，无端猜忌。

世上本无事，庸人自扰之。卡耐基说过：“其实 99% 的焦虑根本不会发生，是人自己造成了自己的焦虑。”我们的担忧和烦恼其实都和杞人担心天会塌下来一样，都是自寻烦恼，没有必要的。

凡事总会有方法解决。如果你感到焦虑不安，那么为什么不试试这种方法——接受最坏的结果。

卡耐基在他的书中提到一个石油商人讲述的故事：“我是石油公司的老板，有些运货员偷偷地扣下了给客户的油量而卖给了他人，而我却毫不知情。有一天，来自政府的一个稽查员来找我，告诉我他掌握了我的员工贩卖不法石油的证据，要检举我们。但是，如果我们贿赂他，给他一点钱，他就会放我们一马。我非常不高兴他的行为及态度。一方面我觉得这是那些盗卖石油的员工的问题，与我无关。但另一方面，法律又有规定‘公司应该为员工的行为负责’。另外，万一案子上了法庭，就会有媒体来炒作此新闻，名声传出去会毁了我们的生意。我焦虑极了，开始生病，三天三夜无法入睡，我到底应该怎么做才好呢？给那个人钱呢？还是不理他，随便他怎么做？

“我决定不了，每天担心，于是，我问自己：如果不付钱的话，最坏的后果是什么呢？答案是：我的公司会垮，事业会被毁，但是我不会被关起来。然后呢？我也许要找个工作，其实也不坏。有些公司可能乐意雇用我，因为我很懂石油。至此，很有意思的是，我的焦虑开始减轻，然后，我开始想解决的办法：除了上告或给他金钱之外，有没有其他的路？找律师呀，他可能有更好的点子。

“第二天，我就去见了律师。当天晚上我睡了个好觉。隔了几天，我的律师叫我去见地方检察官，并将整个情况告诉他。意外的事情发生了，当我讲完后，那个检察官说，我知道这件事，那个自称政府稽查员的人是一个通缉犯。我心中的大石头落了下来。这次经验使我永难忘怀。至此，每当我开始焦虑担心的时候，我就用此经验来帮助自己跳出焦虑。”

是的，最坏的后果是什么？当这个后果出现时，我能面对它吗？我能承担它带来的责任吗？这是我们在焦虑时要自己问自己的几个重要的问题。如果最坏的结果在自己的接受范围内，那么你一定能轻松许多。

珍惜今天的人，才有资格谈明天

活着一天，就是有福气，就该珍惜。当你哭泣你没有鞋子穿的时候，你往往会发现有人却没有脚。

有一个美国商人去墨西哥旅游。他坐在墨西哥海边一个小渔村的码头上，看着一个墨西哥渔夫划着一艘小船靠岸。

小船上有好几尾大金枪鱼，美国商人就问渔夫："要多少时间才能抓这么多鱼？"

渔夫说，才一会儿工夫就抓到了。美国人再问："你为什么不待久一点，好多抓一些鱼？"墨西哥渔夫觉得不以为然："这些鱼已经足够我一家人生活所需啦！"

美国人又问："那么你一天剩下那么多时间都在干什么？"

渔夫解释："我呀？我每天睡到自然醒，出海抓几条鱼，回来后跟孩子们玩一玩，再跟老婆睡个午觉，黄昏时晃到村子里喝点小酒，跟哥儿们玩玩吉他，我的日子过得充实又忙碌呢！"

美国人不以为然，帮他出主意，他说："我是哈佛大学工商管理硕士，我倒是可以帮你忙！你应该每天多花一些时间去抓鱼，到时候你就有钱去买条大一点的船。自然你就可以抓更多鱼，再买更多渔船。然后你就可以拥有一个渔船队。到时候你就不必把鱼卖给鱼贩子，而是直接卖给加工厂。然后你可以自己开一家罐头工厂。如此你就可以控制整个生产、加工处理和行销。然后你可以离开这个小渔村，搬到墨西哥城，再搬到洛杉矶，最后到纽约，在那里经营你的企业。”

渔夫问：“这又得花多少时间呢？”

美国人回答：“15 到 20 年。”

渔夫问：“然后呢？”

美国人大笑着说：“然后你就可以在家睡大觉了！时机一到，你就可以宣布股票上市，把你的公司股份卖给投资者。到时候你就发啦！你可以几亿美元地赚！”

“然后呢？”渔夫继续问。

美国人说：“到那个时候你就可以退休啦！你可以搬到海边的小渔村去住。每天睡到自然醒，出海随便抓几条鱼，跟孩子们玩一玩，再跟老婆睡个午觉，黄昏时，晃到村子里喝点小酒，跟哥儿们玩玩吉他。”

渔夫疑惑地说：“我现在不就是这样了吗？人的一生，到底在追求什么？”

人的一生，到底在追求什么？渔夫向我们发出了这么一个疑问。这个问题对于我们每个人都有现实意义。对于未来，一切都是未知数。但是享受生活，珍惜你所拥有的，却是我们可以把握的。

有一个一无所长的年轻人，感到自己生活得非常无聊。于是，他就去拜访一位哲人，希望哲人能够给他的未来指明一条道路。

哲人问他：“你为什么来找我呢？”

年轻人回答道："我至今仍一无所有，恳请你给我指明一个方向，使我能够找到人生的价值。"

哲人摇了摇头，说："我感觉你和别人一样富有啊，因为每一天时间老人也在你的'时间银行'里存下了 86400 秒的时间。"

年轻人苦涩地一笑，说："那有什么用处呢？它们既不能被当作荣誉，也不能换来一顿美餐。"

哲人严肃地打断了他的话，问道："难道你不认为它们珍贵吗？那你不妨去问一个刚刚延误乘机的游客，一分钟值多少钱；你再去问一个刚刚死里逃生的'幸运儿'，一秒钟值多少钱；最后，你去问一个刚刚与金牌失之交臂的运动员，一毫秒值多少钱？"

听了哲人的一番话，年轻人羞愧地低下头。

哲人继续说道："只要你认识到时间的珍贵，去发现一件自己想做的事情，那你脚下的路就会慢慢明朗起来。"

只要我们珍惜拥有的，那么我们就是富有的。因为，我们每天都拥有 86400 秒的时间可以支配。如果你不珍惜，人生最宝贵的东西——时间就会像风一样从你的身边溜过，给日子留下一片苍白。当你懂得珍惜，知道让每一秒的时间都应该给生活涂上一抹色彩，那么你的人生自然就绚丽起来了。

不要让借口成为你的绊脚石

没有人与生俱来就会表现出能与不能，是你自己决定要以何种态度去对待问题。保持一颗积极、绝不轻易放弃的心去面对各种困境，而不要让借口成为你工作中的绊脚石。

世界上最容易办到的事是什么？很简单，就是找借口。狐狸吃不到葡萄，它就找出一个借口：葡萄是酸的。我们都讥笑狐狸的可怜，但我们又不自觉地为自己找借口。

在我们的日常生活中，常听到这样一些借口：上班晚了，会有“路上堵车”“闹钟坏了”的借口；考试不及格，会有“出题太偏”“题目太难”的借口；做生意赔了本有借口；工作、学习落后了也有借口……只要有心去找，借口总是有的。

久而久之，就会形成这样一种局面：每个人都努力寻找借口来掩盖自己的过失，推卸自己本应承担的责任。于是，所有的过错，你都能找到借口来承担，借口让你丧失责任心和进取心，这对于你的生活和工作都是极其不利的。

没有人与生俱来就会表现出能与不能，是你自己决定要以何种态度去对待问题。保持一颗积极、绝不轻易放弃的心去面对各种困境，而不要让借口成为你工作中的绊脚石。

做事没有任何借口。条件不足，创造条件也要上。美国成功学家拿破仑·希尔说过这样一段话："如果你有自己系鞋带的能力，你就有上天摘星的机会！"让我们改变对借口的态度，把寻找借口的时间和精力用到努力工作中来。因为工作中没有借口，失败没有借口，成功也不属于那些找借口的人！

第二次世界大战时期的著名将领蒙哥马利元帅在他的回忆录《我所知道的二战》中有这样一个故事：

"我要提拔人的时候，常常把所有符合条件的候选人集合到一起，给他们提一个我想要他们解决的问题。我说：'伙计们，我要在仓库后面挖一条战壕，8 英尺长，3 英尺宽，6 英寸深。'说完就宣布解散。我走进仓库，通过窗户观察他们。

"我看到军官们把锹和镐都放到仓库后面的地上，开始议论我为什么要他们挖这么浅的战壕。他们有的说 6 英寸还不够当火炮掩体；其他人争论说，这样的战壕太热或太冷。还有一些人抱怨他们是军官，这样的体力活应该是普通士兵的事；最后，有个人大声说道：'我们把战壕挖好后离开这里，那个老家伙想用它干什么，随他去吧！'"

最后，蒙哥马利写道："那个家伙得到了提拔，我必须挑选不找任何借口地完成任务的人。"

一万个叹息抵不上一个真正的开始。不怕晚开始，就怕不开始。没有第一步，就不会有万里长征；没有播种，就不会有收获；没有开始，就不会有进步。因此，你千万不要找借口，再困难的事只要你尝试去做，也比推辞不做要强。

你和梦想之间，只差一个行动

你付出行动了，说不定就能成功，但是不去做，就一定不会有机会成功。

世界上最远的距离是什么？是嘴和手之间的距离。当代人最缺的不是好的创意和构想，也不是能言善辩的雄辩口才，而是行动能力。一个人能否取得成功，不在于学了多少、说了多少、想了多少，而在于他做了多少。因此，说到和做到之间的距离确实可以算是最远的距离，当然也可以算是最近的距离。关键在于，你能不能“现在行动，马上去做”。

猫是老鼠的天敌，老鼠们因经常受到猫的袭击而感到十分苦恼。有一天，为了共同的利益，它们聚在一起开会，商量用什么办法对付猫的骚扰，以求平安。会上，多种方案提出来了，但都被否决了，最后一只小老鼠站起来提议，它说在猫的脖子上挂个铃铛，只要听到铃铛响，我们就知道猫来了，便可以马上逃跑。这真是个绝妙的办法，大家对这个建议报以热烈的掌声。

这一决议终于被全票通过，但决策的执行者却始终产生不出来，高薪奖励、颁发荣誉证书等办法一个又一个地提出来，但无论什么高招，好像都无法执行这一决策。至今，老鼠还在自己的各种媒体上争辩不休，也经常举行会议……

这则寓言说明，仅有想法是无济于事的，你必须找到有效的执行方法。成功只会存在于行动中，无论你心中想象的是什么伟大的成就，没有行动，你就不可能成功。所以，想做的事，就立刻去做！

很多人抱怨自己有决心、有计划，就是不能成功。其实，这些人是非常愚蠢的，只守着成功的欲望，不行动，成功怎能垂青于你？好好想一想自己，是否每天都在下决心，然而每天都无所事事？是否自己胸怀大志，慷慨激昂，但是从来没有付出行动？记住，有了梦想和计划，就一定要动手去做，哪怕只是从一件很小的事情开始。做完一件事，你就会觉得向希望靠近了一步，自信心也能由此增加。否则，梦想永远遥遥无期。因为，成功只存在于行动中。

罗伯特·约翰逊是西伯里和约翰逊公司的合伙人之一，有一天他无意中了解到生物学家约瑟夫·利斯特关于细菌的研究成果，觉得大有可为。1886 年，他们兄弟几个成立了自己的公司——约翰逊公司，并且开始推销他们的消毒纱布。随着医学界逐渐认识到细菌感染的威胁，形势开始对约翰逊兄弟有利了。到 1910 年，公司发展到需要 40 栋楼来生产医疗设备。1920 年的一天，公司一位名叫厄尔·E.迪克森的职员给同事看了他在家里使用的自动粘贴绷带。厄尔用一小块纱垫粘在胶带上，从而把一些绷带粘在一起，用以保护家里人的割伤或擦伤。公司立即意识到了这项小发明的潜能，不久“邦迪创可贴”就进入了千家万户。

从这个故事里我们可以得知，成功只存在于行动中。没有行动，再好的想法也是空谈，就好比99℃的水少了1℃就不能沸腾。温水和开水的差别就在于这微不足道的1℃。然而，这一步之遥、一度之差又总是艰难和智慧的一跃，是成功与失败的分水岭。这一步，归根结底，就是行动。

一个好的主意，纵使有成百上千人听到，但真正会采取行动将其付诸实践的却往往寥寥无几。你付出行动了，说不定就能成功，但是不去做，就一定不会有机会成功。英国前首相丘吉尔曾指出，虽然行动不一定会带来满意的结果，但不采取行动就绝无满意的结果可言。所以，如果你想获得成功，就必须从行动开始，成功只会存在于行动之中。

万事为之则易，不为则难。凡事都可以在行动中出现转机。目标有难有易，但只要付诸行动，那么难的也会变得容易。不行动的话，容易的也会变得很困难。所以，从现在开始，行动吧！

这个世界，永远不会辜负努力的人

只瞄准，不射击，不是好猎手；只呐喊，不冲锋，不是好士兵。

著名科学家马萨森说："我们成功靠的不是智慧，而是靠不断的努力。付出一分耕耘，才能有一分收获。"只要付出了努力，即使前进的道路曲曲折折，但总有一天，上天会给你相应的回报。音乐家卡罗斯·桑塔纳在谈到他的成功理念时，说道："你应该拿出 150% 的努力，不管你做什么都要这样。因为只有付出的越多，你才能得到更多。"

卡洛斯·桑塔纳是一位世界级的吉他大师，他出生在墨西哥，17 岁的时候随父母移居美国。由于英语太差，桑塔纳在学校的成绩非常糟糕。有一天，他的美术老师克努森把他叫到办公室，说："桑塔纳，我翻看了一下你来美国以后的各科成绩，除了'及格'就是'不及格'，真是太糟了。但是你的美术成绩却有很多'优'，我看得出你有绘画的天分，而且我还看得出你是个音乐天才。如果你想成为艺术家，那么我可以带你到旧金山的美术学院去参观，这样你就能知道你所面临的挑战了。"

几天以后，克努森便真的把全班同学都带到旧金山美术学院参观。在那里，桑塔纳亲眼看到了别人是如何作画的，深切地感到自己与他们的巨大差距。克努森先生告诉他说："心不在焉、不求进取的人根本进不了这里。你应该拿出 150% 的努力，不管你做什么或想做什么都要这样。"克努森的这句话对桑塔纳影响至深，并成为他的座右铭。通过自己的不懈努力，2000 年，桑塔纳以《超自然》专辑一举获得了 8 项格莱美音乐大奖。

一个人难免有落魄或处于困境的时候，但不管面对什么样的境遇，不放弃任何希望，抓住各种机遇并付出 150% 努力的人，是不会失败的。只要付出了一分努力，就必然能得到一分收获。

“一分耕耘，一分收获”的确不假，也许一分耕耘不能换来一分收获，但一分收获却必须有一分耕耘！成功不会从天而降，人必须付出行动，才能有所成就，天才和成功其实就是不懈努力和积极行动的结果。邮差弗雷德就是一个通过持之以恒的行动从平凡走向成功的典范。

一位每天穿梭于社区间的普通邮差似乎总也不能引起很多人的注意，其默默无闻又日复一日的简单劳作，怎么也让人无法理解他与杰出之间的密切关系。然而美国有一位叫弗雷德的邮差，用自己的行为改变了世人对这项工作的看法，也改变了许多人对自己工作的认识。以至于许多年来，弗雷德的故事在美国家喻户晓，各行各业的人们纷纷从邮差弗雷德那里得到启示。那么先看看弗雷德是如何从平凡走向优秀的吧。

每当弗雷德服务的小区有新住户搬来，他就会上门拜访，自我介绍，同时了解住户的职业、爱好，决定自己服务的方式；

如果有住户经常出差，他会向住户要一份日程表，主人不在家期间，他替主人把邮件打包保存，防止有小偷窥探到被塞满的邮箱，判断主人不在家而行窃；

如果有邮件投错了地址，弗雷德会设法找到正确的收件人，附上字条，解释清楚；

如果主人不在，他还要将邮件用鞋垫遮住，以避人耳目；

给住户写好感谢信，即使是自己递送，弗雷德也要自费贴上邮票，严格遵守邮局的规定。

几乎全世界的邮差都一样：一身蓝色的工作服，一个帆布的口袋，走街串巷。不同的是，弗雷德在传递信件、报刊、包裹的同时，传递了他对职业真诚的敬重，传递了富有想象力的热忱与体贴，传递了服务者与被服务者之间的人情和人性温暖的光芒。

在美国，有很多公司设立了“邮差弗雷德奖”，鼓励那些热爱工作、尽职尽责、创新服务的员工。

热爱并付出努力，坚持行动，是迈向成功的第一步。成功是辛勤的劳动的结果，一分耕耘，一分收获。只要你能像邮差弗雷德那样，即使处于平凡的岗位，只要通过自己的想象力和创造力，坚持努力，把平凡的工作做得无与伦比，就可以跨越平凡成为精英和杰出人才。

只瞄准，不射击，不是好猎手；只呐喊，不冲锋，不是好士兵。永远躺在摇篮里四肢会萎缩；永远待在黑暗中，双目会失明。所以，不要为失败而彷徨，更不要畏缩不前，只要我们坚持行动，付出努力，就一定会穿过暴风雨，到达成功的彼岸。